Kurzgrammatik Englisch

Zum Nachschlagen und Üben

Hans G. Hoffmann

Marion Hoffmann

Max Hueber Verlag

Wenn Sie Fragen zum englischen Sprachgebrauch oder Kommentare zum Inhalt dieses Buches haben, besuchen Sie uns bitte auf unserer Website *www.englishmaster.de*
Dort finden Sie auch Informationen zu Grammatik, Wortschatz, Sprachgebrauch und Landeskunde sowie Übungen und Hinweise auf nützliche Lernhilfen.

Hans G. Hoffmann, Marion Hoffmann

3. 2. 1. | Die letzten Ziffern
2010 09 08 07 06 | bezeichnen Zahl und Jahr des Druckes.
Alle Drucke dieser Auflage können, da unverändert, nebeneinander benutzt werden.
1. Auflage

Redaktion: John Stevens, Bad Münstereifel
Umschlaggestaltung: Parzhuber und Partner, München
Layout und Satz: Kerstin Ramsteiner, Rosenheim
Druck und Bindung: J. P. Himmer GmbH, Augsburg
Printed in Germany
ISBN 10: 3-19-009531-0
ISBN 13: 978-3-19-009531-5

Vorwort

Um Wörter zu einer sinnvollen, von Ihnen beabsichtigten Aussage zu verbinden, müssen Sie Folgendes wissen:

- Brauchen die Wörter eine Endung (*-s*, *-'s*, *-ed*, *-ing*, *-ly* usw.)?
- Welche „Hilfswörter" müssen Sie hinzunehmen: *the*, *a(n)*, *is*, *have*, *do*, *to*, *of*, *than* usw.?
- Welches „Fürwort" müssen Sie gegebenenfalls benutzen: *she*, *her*, *themselves*, *they* usw.?
- In welcher Reihenfolge müssen Sie die Wörter anordnen, um eine Feststellung zu treffen, eine Frage zu formulieren, etwas zu verneinen, zu befehlen, zu berichten usw.?

Auf diese und viele andere Fragen gibt Ihnen dieses Buch Antwort, und zwar in klarer, einfacher Sprache und mit Beispielen, die der aktuellen Sprachwirklichkeit entnommen sind. Ja, diese Grammatik ist sprachlich und wissenschaftlich auf dem neuesten Stand, sie sagt Ihnen, wie das Englische heute auf den Britischen Inseln und in Nordamerika von gebildeten Leuten gesprochen und geschrieben wird.

Aber diese Grammatik ist nicht nur sprachlich zuverlässig und linguistisch modern, sondern geht auch gezielt und ausführlich auf die Probleme ein, die Englischlernenden mit deutscher Muttersprache besondere Schwierigkeiten bereiten. So ist etwa der Zeitengebrauch beim Verb besonders eingehend erklärt: Sagt man im konkreten Fall *they live*, *they are living*, *they lived*, *they have lived*, *they have been living* oder *they had been living*?

Optimal nutzen Sie dieses Buch, wenn Sie die Erklärungen und Beispiele zu einem bestimmten Thema studieren und später sich selbst überprüfen, indem Sie die englische Spalte in den Beispielen abdecken und die Übersetzung auf ein Stück Papier schreiben. Machen Sie mehrfach einen bestimmten Fehler, so empfiehlt es sich, den betreffenden Satz auf einen Zettel DIN A7 zu schreiben, das Deutsche auf die eine, das Englische auf die andere Seite. Schon durch das Aufschreiben wird der Lernvorgang erleichtert; schauen Sie sich Ihre Merkzettel täglich mehrmals an – zu Hause, in der Bahn, im Wartezimmer usw. –, so werden Sie die Mustersätze schnell in Ihrem Gedächtnis verankert haben. – Über die ca. 1500 englisch-deutschen Beispielsätze hinaus finden sich ab Seite 163 auch noch ca. 250 Testsätze, mit denen die Hauptschwierigkeiten übergreifend überprüft bzw. geübt werden.

Wenn Sie die *Kurzgrammatik Englisch* in dieser Weise nutzen, werden Sie nicht nur grammatisch richtig Englisch schreiben und sprechen lernen, sondern auch Ihren Wortschatz systematisch erweitern, da in den Anwendungsbeispielen der wesentliche Grundwortschatz enthalten ist. Allerdings können Sie auch noch gezielter Ihren Wortschatz erweitern, indem Sie den im gleichen Verlag erschienenen *Grundwortschatz Englisch* hinzunehmen, der 8 000 Wörter in thematischen und phraseologischen Zusammenhängen präsentiert.

Allgemein sollten Sie Wörter in der Regel nicht isoliert, sondern in sinnvollen Kombinationen lernen. Also nicht *suggest* = vorschlagen, sondern *She suggested taking the night train* = Sie schlug vor, den Nachtzug zu nehmen (S. 124) oder *I suggested that she (should) take the train* = Ich schlug ihr vor, den Zug zu nehmen (S. 145). Bei dieser Lernmethode „speichern“ Sie nicht nur das Einzelwort und seine Bedeutung, sondern auch die grammatischen bzw. idiomatischen Fügungen, in denen das Wort üblicherweise gebraucht wird.

Sollten Sie Fragen zu diesem Buch, zu konkreten Problemen des englischen Sprachgebrauchs oder zu Techniken des Lernens haben, so sind Sie eingeladen, unsere Website *www.englishmaster.de* aufzusuchen und dort unter *Contact us* eine E-Mail an uns zu senden, die wir dann schnellstmöglich beantworten werden.

Wir wünschen Ihnen Freude am Gebrauch dieses Buches und Erfolg beim Englischlernen.

Autoren und Verlag

Inhaltsverzeichnis

Das Nomen

Das Nomen wird auch Substantiv oder Hauptwort genannt, im Englischen *noun* [naʊn]. Wörter wie *car* (= Auto), *boy* (= Junge) und *wife* (= Ehefrau) sind Nomen.

Beim Nomen interessieren uns folgende Dinge:

1. Wie wird der Plural (also die Mehrzahl) gebildet?
2. Welche Besonderheiten im Gebrauch von Singular (= Einzahl) und Plural müssen wir beachten?
3. Wie wird der Genitiv (also der Wesfall) gebildet und wie wird er gebraucht?
4. Wie ist es mit dem Genus, dem grammatischen Geschlecht? Im Deutschen ist *das Mädchen* sächlich und *die Tür* weiblich. Ist das im Englischen auch so?

Singular und Plural

Bildung des Plurals

Grundsätzlich wird der Plural mit *-s* gebildet:

one bed – two **beds** [bedz]	ein Bett – zwei Betten
one book – two **books** [bʊks]	ein Buch – zwei Bücher

Aussprache der *-s*-Endung

Bei den meisten Wörtern wird das Plural-*s* **stimmhaft**, also [z] gesprochen:

cars – days – dogs — Autos – Tage – Hunde

Bei Wörtern auf [t], [k], [p], [f] wird das Plural-*s* **stimmlos**, also [s] gesprochen:

streets – trips – roofs — Straßen – Reisen – Dächer

Bei Wörtern auf [θ] wird das Plural-*s* meistens [s] gesprochen:

births – months — Geburten – Monate

Bei den folgenden Wörtern auf [θ] hingegen spricht man die Pluralendung [ðz]:

mouth [maʊθ] – mouths [maʊðz]	Mund – Münder
bath [bɑ:θ] – baths [bɑ:ðz]	Bad – Bäder
youth [ju:θ] – youths [ju:ðz]	Jugendlicher – Jugendliche

Bei Nomen, die auf Zischlaute enden, wird die Pluralform durch Anhängen von *-es* [ɪz] hörbar gemacht:

bus – buses ['bʌsɪz]	Bus – Busse
box – boxes ['bɒksɪz]	Kasten – Kästen
church – churches ['tʃɜ:tʃɪz]	Kirche – Kirchen

An stummes End-*e* wird *-s* (nicht *-es*) angehängt:

size [saɪz] – sizes ['saɪzɪz]	Größe – Größen
bridge [brɪdʒ] – bridges ['brɪdʒɪz]	Brücke – Brücken

Das stimmlose *-s* in *house* wird in der Pluralform stimmhaft:

house [haʊs] – houses ['haʊzɪz]	Haus – Häuser

-y am Ende des Singulars wird im Plural *-ies*, wenn dem *-y* nicht ein Vokal (d. h. *a*, *e*, *o* oder *u*) vorausgeht:

baby – babies	Baby – Babys

Aber: *day – days*, *boy – boys* etc.

Unregelmäßige, d. h. nicht auf *-(e)s* endende Plurale:

man [mæn] – men [men]	Mann – Männer
woman ['wʊmən] – women ['wɪmɪn]	Frau – Frauen
foot [fʊt] – feet [fi:t]	Fuß – Füße
tooth [tu:θ] – teeth [ti:θ]	Zahn – Zähne
mouse [maʊs] – mice [maɪs]	Maus – Mäuse
child [tʃaɪld] – children ['tʃɪldrən]	Kind – Kinder

Bei *aircraft* (= Flugzeug[e]), *fish* (= Fisch[e]) und *sheep* (= Schaf[e]) haben Singular und Plural die gleiche Form:

How many aircraft / fish / sheep did you see?	Wie viele Flugzeuge / Fische / Schafe habt ihr gesehen?

Besonderheiten im Gebrauch von Singular und Plural

Anders als ihre deutschen Entsprechungen sind die folgenden Nomen und Namen immer **Singular**:

The furniture is old.	Die Möbel sind alt.
This information is useful.	Diese Informationen sind nützlich.
He has a good knowledge of English.	Er hat gute Englischkenntnisse.
What time is the news?	Wann kommen die Nachrichten?
Progress has been made.	Es sind Fortschritte gemacht worden.
The Netherlands is a rich country.	Die Niederlande sind ein reiches Land.
The United States is powerful.	Die Vereinigten Staaten sind mächtig.
The United Nations was founded in 1945.	Die Vereinten Nationen wurden 1945 gegründet.

Anders als ihre deutschen Entsprechungen sind die folgenden Nomen immer **Plural**:

The police were informed.	Die Polizei wurde informiert.
The contents are interesting.	Der Inhalt ist interessant.
The stairs are steep.	Die Treppe ist steil.
The surroundings are beautiful.	Die Umgebung ist schön.
Our thanks are due to Jane Smith.	Unser Dank gebührt Jane Smith.
Where are my glasses?	Wo ist meine Brille?
How much are these trousers?	Was kostet diese Hose?

Auf *people* (= Leute / Volk) folgt immer ein Pluralverb (also *are*, *were*, *have*, *do*, *know* etc.; nicht *is*, *was*, *has*, *does*, *knows* etc.):

People don't know much about him.	Die Leute wissen nicht viel über ihn.
The American people have made their choice.	Das amerikanische Volk hat seine Wahl getroffen.

In der Bedeutung „Volk“ kann **people** auch den *-s*-Plural bilden:
the peoples of East Asia — die Völker Ostasiens

Wörter, die eine Gruppe bezeichnen (z. B. *family*, *team*, *government*), werden im BE manchmal als **Plural** behandelt, wenn mehr an die einzelnen Mitglieder als an die Gruppe insgesamt gedacht ist:

The class / group / family are discussing this question.	Die Klasse / Gruppe / Familie diskutiert diese Frage gerade.

Genaue Geldbeträge und Maßangaben werden – anders als im Deutschen – als **Singular** aufgefasst:

Five million dollars is not enough.	Fünf Millionen Dollar sind nicht genug.
Ten miles is a long way.	Zehn Meilen sind ein weiter Weg.

Dozen, *hundred*, *thousand* und *million* stehen bei **genauer Zahlenangabe** (mit vorangestellter Grundzahl) im **Singular**, bei **unbestimmter Zahlenangabe** (mit nachfolgendem *of*) im **Plural**:

Singular: three dozen / hundred / thousand / million cases

drei Dutzend / dreihundert / dreitausend / drei Millionen Fälle

Plural: dozens / hundreds / thousands / millions of cases

dutzende / hunderte / tausende / Millionen von Fällen

Abweichend vom Deutschen dagegen:

hundreds of thousands of cases	hunderttausende von Fällen

Zu beachten ist auch der vom Deutschen abweichende Pluralgebrauch in Fällen wie den folgenden:

They shook their heads.	Sie schüttelten den Kopf.
They kept their mouths shut.	Sie hielten den Mund.
Nine soldiers lost their lives.	Neun Soldaten kamen ums Leben.
during the 18th and 19th centuries	während des 18. und 19. Jahrhunderts

Genitiv

Bildung des Genitivs

Der Genitiv wird bei Singularwörtern durch Anhängen von *-'s* gebildet:

Anna's husband	Annas (Ehe-)Mann
the boss's ['bɒsɪz] daughter	die Tochter des Chefs

An *-s*-Plurale wird lediglich ein Apostroph angehängt:

the workers' canteen	die Kantine der Arbeiter
the ladies' toilet	die Damentoilette

Der Unterschied zwischen Singular und Plural ist oft nur lesbar, nicht hörbar:

the boy's room ['bɔɪz rʊm]	das Zimmer des Jungen
the boys' room ['bɔɪz rʊm]	das Zimmer der Jungen

Bei nicht auf *-s* auslautenden Pluralen ist die Genitivendung *-'s*:

the child's room	das Zimmer des Kindes
the children's room	das Zimmer der Kinder

Gebrauch des Genitivs

Typische Verwendungen des Genitivs:

my friend's house	das Haus meines Freundes
the country's economy	die Wirtschaft des Landes
the film's director	der Regisseur des Films
someone else's baby	das Baby von jemand anders
the miners' strike	der Bergarbeiterstreik

Vom Deutschen abweichend der Genitiv in Zeitangaben:

it's ten minutes' walk	es sind zehn Minuten zu Fuß
in three hours' time	in drei Stunden
last week's events	die Ereignisse der letzten Woche
today's weather forecast	die heutige Wettervorhersage

Der Genitiv kann auch allein (d. h. ohne Bezugswort) stehen:

My room is larger than Jack's.	Mein Zimmer ist größer als Jacks.
The glasses are probably Dad's.	Die Brille gehört wahrscheinlich Papa.
Jack London's was a short but eventful life.	Jack London hatte ein kurzes, aber bewegtes Leben.
He's a friend of the king's.	Er ist ein Freund des Königs.
I'm a patient of Dr Cook's.	Ich bin ein(e) Patient(in) von Herrn / Frau Dr. Cook.

In *of*-Fügungen wie in den letzten beiden Sätzen wird das *-'s* heute zunehmend weggelassen: *He's a friend of the king. I'm a patient of Dr Cook.*

Beachten Sie auch diesen Gebrauch des Genitivs:

She's at the doctor's.	Sie ist beim Arzt.
We met at Tony's.	Wir trafen uns bei Tony.
My office is near St Paul's.	Mein Büro ist in der Nähe der St.-Paul's-Kathedrale.

Die *of*-Konstruktion als Alternative zum Genitiv

Häufig besteht eine Wahlmöglichkeit zwischen Genitiv und *of*-Konstruktion:

the boss's daughter – the daughter of the boss
the country's economy – the economy of the country

Ob man die eine oder die andere Konstruktion wählt, oder ob eine der beiden Varianten völlig ausgeschlossen ist, wird durch Gesichtspunkte wie Wohlklang, beabsichtigte Betonung und Klarheit des Ausdrucks bestimmt. Beispiele:

Emily's dog (*Of*-Konstruktion nach nicht erweitertem Personennamen in aller Regel ausgeschlossen.)
the dog of the little girl in the red coat (Genitiv unmöglich.)
I can't remember the President's name. (*Name* betont.)

I can't remember the name of the President. (*President* betont.)
I can't remember the President's wife's name. (Doppelter Genitiv unschön, außerdem Betonung von *wife* beabsichtigt; besser:)
I can't remember the name of the President's wife.

Genus

Allgemein unterscheidet man im Englischen zwischen *sex* (= biologisches Geschlecht) und *gender* ['dʒendə] (= grammatisches Geschlecht; Genus).
Männlich – weiblich ist im biologischen Sinn *male* – *female*, im grammatischen dagegen *masculine* ['mæskjʊlɪn] – *feminine* ['femənɪn].
Male und *female* sind nützlich zur Unterscheidung von männlichen und weiblichen Angehörigen eines Berufsstandes, einer Gattung etc.:

male doctor – female doctor	Arzt – Ärztin
male nurse – female nurse	Krankenpfleger – Krankenschwester
male dog – female dog	Hund – Hündin
male elephant – female elephant	Elefantenbulle – Elefantenkuh

Bei **Personen** entspricht das Genus (= grammatische Geschlecht) dem natürlichen Geschlecht. *He*, *him(self)*, *his* stehen mit Bezug auf männliche, *she*, *her(self)*, *hers* mit Bezug auf weibliche Personen:

The man said he had lost his wallet.	Der Mann sagte, er habe seine Brieftasche verloren.
The girl says she saw it herself.	Das Mädchen sagt, es habe es selbst gesehen.

Mit Bezug auf **Kinder** können – wenn das Geschlecht unbekannt ist oder unwichtig erscheint – auch die Pronomen *it*, *itself*, *its* stehen:

He looked at the baby. It was lying in its pram with its eyes closed.	Er schaute auf das Baby. Es lag in seinem Kinderwagen und hatte die Augen geschlossen.

Auf **Tiere** wird im Allgemeinen mit *it, its, itself* Bezug genommen. Hat man zu ihnen eine emotionale Beziehung, so personifiziert man sie entsprechend ihrem natürlichen Geschlecht oder nach anderen Gesichtspunkten als männlich oder weiblich:

The mouse is still there. It's probably under the sofa.	Die Maus ist noch da. Sie ist wahrscheinlich unter dem Sofa.
Our dog died a week ago. He's buried ['berid] in the garden.	Unser Hund ist vor einer Woche gestorben. Er ist im Garten beerdigt.

In Bezug auf **Nichtlebewesen** werden in der Regel die sächlichen Pronomen *it, its, itself* verwendet:

The door was locked but he kicked it open.	Die Tür war verschlossen, aber er trat sie auf.
Each country has its own laws.	Jedes Land hat seine eigenen Gesetze.

Geschlechtsneutrale Pronomen

In Bezug auf Wörter, die sowohl männliche als auch weibliche Personen bezeichnen (z. B. *anyone, everyone, someone, no one*), benutzt man heute *they, them(selves), their* als geschlechtsneutrale Pronomen:

If anyone is interested, they can give me their phone number.	Wenn jemand Interesse hat, kann er mir seine Telefonnummer geben.
She rang everyone and told them what had happened.	Sie rief alle an und sagte ihnen, was passiert war.
No one wants to do it themselves.	Niemand will es selber tun.
A Christian is someone / a person who loves their neighbour as themselves.	Ein Christ ist jemand / ein Mensch, der seinen Nächsten wie sich selbst liebt.

Die englischen Artikel *the* und *a(n)* bezeichnen **nicht** das Geschlecht (wie im Deutschen). Die Bezeichnung „Geschlechtswort" wäre in Bezug auf das Englische also unangebracht.
Form und Aussprache der englischen Artikel sind schnell erklärt. Unser Hauptaugenmerk gilt in diesem Kapitel der Frage:
In welchen Fällen gebraucht das Englische den Artikel anders als das Deutsche? Mit anderen Worten: Wo soll man den Artikel gebrauchen, wo nicht?

Der bestimmte Artikel (*the*)

Aussprache von *the*

Für den bestimmten Artikel gibt es drei Aussprachen (wobei Abweichungen von der „korrekten" Aussprache kaum eine Rolle spielen):

Vor Wörtern, deren gesprochene Form **nicht** mit einem Vokal (= Selbstlaut) anfängt, wird *the* unbetont [ðə] gesprochen:

the [ðə] stories in the [ðə] book	die Geschichten in dem Buch
the [ðə] United [ju'naɪtɪd] States	die Vereinigten Staaten

Vor Wörtern, deren gesprochene Form mit einem Vokal anfängt, wird *the* unbetont [ði] gesprochen:

the [ði] ant and the [ði] elephant	die Ameise und der Elefant
the [ði] RAF [ɑːr eɪ 'ef]	die (britische) Luftwaffe

Betont wird *the* mit langem i [ðiː] gesprochen:

Veeraswamy's used to be the [ðiː] Indian restaurant in London.	Veeraswamy's war einmal **das** indische Restaurant in London.

Gebrauch und Nichtgebrauch des bestimmten Artikels

Allgemeinbegriffe wie *life*, *freedom*, *love* werden nur bei näherer Bestimmung mit *the* gebraucht:

I'm not afraid of death.	Ich habe keine Angst vor dem Tod.
Life is full of surprises.	Das Leben ist voller Überraschungen.
Love is a game.	Die Liebe ist ein Spiel.
Old age can be beautiful.	Das Alter kann schön sein.
He believes in socialism.	Er glaubt an den Sozialismus.
Time will tell.	Die Zeit wird es erweisen.

Vergleichen Sie:

We fight for freedom.	Wir kämpfen für die Freiheit.
We fight for the freedom of our people.	Wir kämpfen für die Freiheit unseres Volkes.

Ländernamen stehen ohne *the*. Wichtige Ausnahmen: *the United States / the US(A)*, *the United Kingdom / the UK*:

She lives in Turkey / in the US.	Sie lebt in der Türkei / in den USA.
Greetings from sunny Italy.	Grüße aus dem sonnigen Italien.

Personennamen stehen auch bei Voranstellung eines Adjektivs ohne *the*, Familiennamen im Plural dagegen mit *the*:

a present for little Emily	ein Geschenk für die kleine Emily
a parcel for the Browns	ein Paket für Browns

Namen von **Bahnhöfen, Flughäfen, Straßen, Plätzen** und **Parks** stehen ohne *the*:

arrive at Victoria Station	am Victoria-Bahnhof ankommen
the subway to Kennedy Airport	die U-Bahn zum Kennedy Airport
a store on Oxford Street	ein Kaufhaus in der Oxford Street
the theatres on Broadway	die Theater auf dem Broadway
a walk in Hyde Park	ein Spaziergang im Hyde Park

Dagegen hat *the High Street* – von alters her die (einzige) Hauptstraße einer britischen *town* – meistens noch den Artikel:

a hotel in the High Street	ein Hotel in der Hauptstraße

Das amerikanische *Main Street* dagegen steht ohne Artikel:

a hotel on Main Street	ein Hotel in der Hauptstraße

Namen von **Brücken** stehen im BE ohne *the*, im AE meist mit *the*:

a view of Tower Bridge	ein Blick auf die Tower Bridge
walk across the Brooklyn Bridge	über die Brooklyn Bridge gehen

Namen von **Bergen** und **Seen** stehen ohne *the*, solche von **Meeren** mit *the*:

climb Mount Everest	den Mount Everest besteigen
on the shore of Lake Ontario	am Ufer des Ontario-Sees
the countries bordering the Baltic Sea	die Anrainerstaaten der Ostsee

Deutschsprachige Bergnamen dagegen behalten den Artikel:

at the foot of the Matterhorn	am Fuße des Matterhorns

Wochentags- und **Monatsnamen** stehen normalerweise ohne *the*:

Sunday is a day of rest.	Der Sonntag ist ein Tag der Ruhe.
May was wet and cold.	Der Mai war nass und kalt.
in June of that year	im Juni jenes Jahres
on (the) Friday of that week	am Freitag jener Woche

Bekannte Sehenswürdigkeiten ohne *the*:

outside Buckingham Palace	vor dem Buckingham-Palast
inside St Paul's Cathedral	in der St.-Pauls-Kathedrale
the graves in Westminster Abbey	die Gräber in der Westminster-Abtei
near Rockefeller Center	in der Nähe des Rockefeller Center

Stellung von *the*

Beachten Sie die Nachstellung von *the* in Fällen wie den folgenden:

She shut all the windows.	Sie schloss alle Fenster.
I was there all the time.	Ich war die ganze Zeit (über) da.
Half the town was destroyed.	Die halbe Stadt wurde zerstört.
He paid double the price.	Er bezahlte den doppelten Preis.
That would be quite the wrong reaction.	Das wäre genau die falsche Reaktion.

Der unbestimmte Artikel (*a / an*)

A oder *an*?

Vor Wörtern, deren gesprochene Form **nicht** mit einem Vokal (= Selbstlaut) anfängt, hat der unbestimmte Artikel die Form *a* [ə]:

a story of a bear in a zoo	eine Geschichte von einem Bären in einem Zoo

Vor Wörtern, deren Aussprache mit einem Vokal beginnt, hat der unbestimmte Artikel die Form *an* [ən]:

an animal	ein Tier
an easy job	eine leichte Arbeit
an important event	ein wichtiges Ereignis
an open door	eine offene Tür
an unpleasant person	ein unangenehmer Mensch

An steht hier vor Wörtern, die mit den fünf Vokalen *a*, *e*, *i*, *o*, *u* beginnen und – das ist wichtig! – auch als Vokale **gesprochen** werden. Es gibt nämlich auch Wörter, deren geschriebene Form mit einem Vokal beginnt, der nicht als Vokal gesprochen wird. In diesen Fällen lautet der unbestimmte Artikel *a*. Beispiele:

a European [jʊərə'pi:ən] country	ein europäisches Land
a one-way street	eine Einbahnstraße
a university	eine Universität

Umgekehrt gibt es Wörter, die mit einem Konsonanten (im Folgenden *h*, *m*, *f*) beginnen, der in der Aussprache aber nicht in Erscheinung tritt. Vor ihnen steht folgerichtig *an*:

an hour ago	vor einer Stunde
an MP3 player	ein MP3-Player
an FBI agent	ein Beamter des FBI

Gebrauch und Nichtgebrauch des unbestimmten Artikels

_A(n)_ steht bei Berufsangaben etc.:

His wife is an architect.	Seine Frau ist Architektin.
He's a city councillor.	Er ist Stadtverordneter.
Gandhi was a pacifist.	Gandhi war Pazifist.
Einstein became a US citizen.	Einstein wurde amerikanischer Staatsbürger.
Kennedy was a Roman Catholic.	Kennedy war Katholik.

Ähnlich auch:

The church served as a hospital.	Die Kirche diente als Lazarett.

Kein *a(n)* dagegen bei nur einmal vorkommenden Funktionen, Institutionen etc.:

He is_chairman of the Labour Party.	Er ist Vorsitzender der Labour Party.
She became_treasurer in 2001.	Sie wurde 2001 Schatzmeisterin.
As_president you can't be everyone's friend.	Als Präsident kann man nicht jedermanns Freund sein.

_A(n)_ steht bei _hundred_, _thousand_ etc.:
Hundred, *thousand*, *million*, *billion* (= Milliarde) können nicht ohne Zahl (*one*, *two*, *three* etc.) oder Artikel stehen:

The house is a hundred years old.	Das Haus ist hundert Jahre alt.
That happened a thousand years ago.	Das ist vor tausend Jahren passiert.

Anders als im Deutschen ohne unbestimmten Artikel

Die folgenden Nomen sind nichtzählbar und können daher – anders als im Deutschen – nicht mit dem unbestimmten Artikel gebraucht werden:

That's good advice.	Das ist ein guter Rat.
That's interesting information.	Das ist eine interessante Information.
I've got bad news for you.	Ich habe eine schlechte Nachricht für Sie.
There was enormous traffic.	Es herrschte ein enormer Verkehr.
It's interesting work.	Es ist eine interessante Arbeit.

Advice, *information* und *news* lassen sich allerdings durch Hinzufügung von *piece*, *bit* oder *item* zählbar machen und können dann mit *a(n)* kombiniert werden:

Let me give you a bit / piece of advice.	Ich will dir mal einen Rat geben.
Here's an interesting news item from the Times.	Hier ist eine interessante Nachricht aus der Times.

Englisch mit *a(n)*, deutsch ohne unbestimmten Artikel

be in a hurry	in Eile sein
come to an end	zu Ende gehen
for a change	zur Abwechslung
have a birthday	Geburtstag haben
have a temperature / a fever	Temperatur / Fieber haben
in a loud voice	mit lauter Stimme
without a break	ohne Unterbrechung

Englisch ohne *a(n)*, deutsch mit unbestimmtem Artikel

What luck!	Was für ein Glück!
What awful weather!	Was für ein furchtbares Wetter!
What rubbish you're talking!	Was für einen Quatsch du redest!
What kind of person is she?	Was für ein Mensch ist sie?
What colour is your hair?	Was für eine Farbe hat dein Haar?
What size shoe do you wear?	Was für eine Schuhgröße hast du?

Schwankender Sprachgebrauch

Zusammensetzungen mit *-ache* [eɪk] können sowohl ohne als auch mit *a(n)* konstruiert werden:

I have (a) backache / (an) earache / (a) stomachache / (a) toothache.	Ich habe Rückenschmerzen / Ohrenschmerzen / Bauchschmerzen / Zahnschmerzen.

Headache dagegen wird immer mit *a* kombiniert:

I have a headache.	Ich habe Kopfschmerzen.

Bei *cold* und *quarter* sind wiederum beide Formen möglich:

You'll catch (a) cold out there.	Du holst dir noch 'ne Erkältung da draußen.
It's (a) quarter to / past ten.	Es ist Viertel vor / nach zehn.

Stellung von *a(n)*

Half a(n) ist häufiger als *a half*:

half a mile / a half mile	eine halbe Meile
half a dozen / a half dozen	ein halbes Dutzend
half an hour ago / a half hour ago	vor einer halben Stunde

A rather + Adjektiv ist häufiger als *rather a(n)* + Adjektiv:

a rather difficult question / rather a difficult question	eine ziemlich schwierige Frage

Mit nachfolgendem Nomen ist nur *rather a(n)* möglich:

He's rather a fool.	Er ist ein ziemlicher Idiot.
That's rather a lot.	Das ist eine ziemliche Menge.

Bei *many*, *quite* und *such* + *a(n)* + Nomen wird *a(n)* immer nachgestellt:

I spent many a happy hour there.	Ich verbrachte dort so manche glückliche Stunde.
You're such a funny girl.	Du bist so ein komisches Mädchen.
That's quite an achievement.	Das ist eine ziemliche Leistung.

Ist das Nomen von einem Adjektiv begleitet, so sind bei *quite* zwei Stellungen möglich:

quite an unusual name / a quite unusual name	ein recht ungewöhnlicher Name

Die Pronomen

Pronomen sind Fürwörter. Durch ihren Gebrauch vermeiden wir die Wiederholung von Nomen oder Namen. In *She saw him* sind *she* und *him* Personalpronomen, *she* in der Subjektform, *him* in der Objektform. In *She saw herself* haben wir ein *-self*-Pronomen als Objekt, in *She saw his car* ist *his* ein Possessivpronomen, ein besitzanzeigendes Fürwort. In *What did she see?* ist das Fragepronomen *what* Objekt; in *Who saw it?* ist das Fragepronomen *who* Subjekt.
Ein Relativpronomen, also ein bezügliches Fürwort, ist *who* in *She saw the man who robbed her*; durch den Relativsatz *who robbed her* wird das Objekt *the man* näher bestimmt. Schließlich gibt es noch Demonstrativpronomen (*this, that*) und indefinite Pronomen, also unbestimmte Fürwörter wie zum Beispiel *some* und *any*. – All diese Pronomen behandeln wir in diesem Kapitel, wobei wir uns auf die besonderen Fehlerquellen für Deutschsprachige konzentrieren.

Die Personalpronomen

Die Personalpronomen in der Übersicht:

Subjektform		**Objektform**			
Singular		Singular			
I	ich	he saw me	mich	he helps me	mir
you	du/Sie	he saw you	dich/Sie	he helps you	dir/Ihnen
he	er	he saw him	ihn	he helps him	ihm
she	sie	he saw her	sie	he helps her	ihr
it	es/er/sie	he saw it	es/ihn/sie	he helps it	ihm/ihr
Plural		Plural			
we	wir	he saw us	uns	he helps us	uns
you	ihr/Sie	he saw you	euch/Sie	he helps you	euch/Ihnen
they	sie	he saw them	sie	he helps them	ihnen

Neutrale Form des Personalpronomens

Die neutrale Form des Personalpronomens ist *one* (dt. = man). Dazu gibt es ein Possessivpronomen *one's* und ein *-self*-Pronomen *oneself*:

One must have a style of one's own.	Man muss einen eigenen Stil haben.
One cannot love others unless one loves oneself.	Man kann nicht andere lieben, wenn man sich nicht selber liebt.

One, *one's* und *oneself* sind Schriftsprache bzw. gehobene Sprache; umgangssprachlich gebraucht man stattdessen *you*, *your*, *yourself*:

You must have a style of your own.	Man muss / Du musst einen eigenen Stil haben.
You cannot love others unless you love yourself.	Man kann nicht andere lieben, wenn man sich nicht selber liebt.

Objektform anstelle der Subjektform

In Fällen wie den folgenden zieht die Umgangssprache – entgegen der grammatischen Logik – die Objektform vor, also *me* statt *I*, *him* statt *he*, *her* statt *she* etc.:

It's me.	Ich bin's.
Who said that? – Me.	Wer hat das gesagt? – Ich.
If I were him, I'd do it.	Wenn ich er wäre, würde ich's tun.
I'm ten years older than her.	Ich bin zehn Jahre älter als sie.

Besonderer Gebrauch von *it*

It wird häufig als bedeutungsleeres Strukturwort oder als Teil einer idiomatischen Fügung verwendet. – Wichtige, vom Deutschen abweichende Fälle:

Who is it? – Frank.	Wer ist da? – Frank.
It took me an hour.	Ich brauchte eine Stunde.
It wasn't us, it was the others.	Wir waren es nicht, die andern waren es.
It's the poor who are going to suffer.	Leiden werden darunter die Armen.

Wenn das deutsche Pronomen *es* nicht durch *it* wiedergegeben wird, hat es oft eine der folgenden Entsprechungen:

Eine Konstruktion mit *there*:

Are there any problems?	Gibt **es** irgendwelche Probleme?

Eine Konstruktion mit *so*:

Is she coming? – I expect so.	Kommt sie? – Ich nehme **es** an.

Eine Passivkonstruktion:

He is presumed to be dead.	**Es** wird angenommen, dass er tot ist.

Entsprechungen für deutsch *sie* / *Sie*

I don't know who you mean.	Ich weiß nicht, wen **Sie** meinen.
I mean you, not Mr Smith.	Ich meine **Sie**, nicht Herrn Smith.
She is good. I know her from college.	**Sie** ist gut. Ich kenne **sie** vom College.
It (= the soup) tastes good.	**Sie** (= die Suppe) schmeckt gut.
He pulled a gun and aimed it at me.	Er zog eine Pistole heraus und richtete **sie** auf mich.
They cooked the mushrooms and ate them.	**Sie** kochten die Pilze und aßen **sie**.

Die *-self*-Pronomen

Rückbezügliche und betonende *-self*-Pronomen in der Übersicht:

Rückbezüglicher Gebrauch

Singular

I	saw	myself	ich sah mich
you	saw	yourself	du sahst dich / Sie sahen sich
he	saw	himself	er sah sich
she	saw	herself	sie sah sich
it	saw	itself	es / er / sie sah sich

Plural

we	saw	ourselves	wir sahen uns
you	saw	yourselves	ihr saht euch / Sie sahen sich
they	saw	themselves	sie sahen sich

Neutrale Form

one	saw	oneself	man sah sich

Betonender Gebrauch

Singular

I	did it	myself	ich tat es selbst
you	did it	yourself	du tatest es selbst / Sie taten es selbst
he	did it	himself	er tat es selbst
she	did it	herself	sie tat es selbst
it	did it	itself	es / er / sie tat es selbst

Plural

we	did it	ourselves	wir taten es selbst
you	did it	yourselves	ihr tatet es selbst / Sie taten es selbst
they	did it	themselves	sie taten es selbst

Neutrale Form

one	did it	oneself	man tat es selbst

Rückbezüglicher Gebrauch der *-self*-Pronomen

Die rückbezüglichen *-self*-Pronomen finden Verwendung, wenn S(ubjekt) und O(bjekt) identisch sind. Vergleichen Sie:

S und O nicht identisch:

She looked at him.	Sie schaute ihn an.

S und O identisch:

She looked at herself in the mirror.	Sie betrachtete sich im Spiegel.

Beispiele für den rückbezüglichen Gebrauch der *-self*-Pronomen:

I got myself ready.	Ich machte mich fertig.
Make yourself at home.	Machen Sie es sich bequem.
He considers himself good.	Er hält sich für gut.
She didn't commit herself.	Sie legte sich nicht fest.
The USA sees itself as a peacemaker.	Die USA betrachten sich als Friedensstifter.
We have to protect ourselves.	Wir müssen uns schützen.
Prepare yourselves as best you can.	Bereitet euch so gut vor, wie ihr nur könnt.
They call themselves freedom fighters.	Sie nennen sich Friedenskämpfer.
One must be honest with oneself.	Man muss sich selbst gegenüber ehrlich sein.

Ortspräposition + Personal- oder *-self*-Pronomen

Nach Ortspräpositionen wird trotz Rückbeziehung auf das Subjekt in aller Regel das **Personalpronomen** – nicht das *-self*-Pronomen – gebraucht:

He walked slowly, frequently looking around him.	Er ging langsam, wobei er sich häufig umblickte.
I have no money on me.	Ich habe kein Geld bei mir.
Would you mind closing the door behind you.	Würden Sie bitte die Tür hinter sich zumachen.
She has a dazzling career in front of her.	Sie hat eine blendende Karriere vor sich.

Beachten Sie aber diese scheinbare Ausnahme:

She was beside herself (with joy).	Sie war außer sich (vor Freude).
He was beside himself (with rage).	Er war außer sich (vor Wut).

-self-Pronomen oder *each other / one another*?

In Sätzen wie *Sie kennen sich nicht* ist das Wort *sich* grundsätzlich doppeldeutig. Es kann sich auf das Subjekt zurückbeziehen (*Sie kennen sich selbst nicht*) oder eine wechselseitige Beziehung zwischen zwei oder mehr Beteiligten ausdrücken (*Sie kennen einander nicht*). Im Englischen gibt es diese Doppeldeutigkeit nicht:

Bei Rückbezug auf das Subjekt:

They don't know themselves.	Sie kennen sich selbst nicht.

Bei wechselseitiger Beziehung:

They don't know each other. They don't know one another.	} Sie kennen sich / einander nicht.

Weitere Beispiele:

We must help ourselves.	Wir müssen uns selber helfen.
We must help each other / one another.	Wir müssen uns gegenseitig helfen.

Betonender Gebrauch der *-self*-Pronomen

Die *-self*-Pronomen werden häufig zur Verstärkung der Personalpronomen verwendet. Sie sind dann stark betont und in der Stellung mitunter variabel. Vergleichen Sie:

She ate the chocolate.	Sie aß die Schokolade.
She ate the chocolate herself.	Sie aß die Schokolade **selbst**.
She herself ate the chocolate.	Sie **selbst** aß die Schokolade.

In den folgenden Beispielen wird *the President* durch *himself* und *the ceremony* durch *itself* verstärkt:

The President didn't attend the ceremony.	Der Präsident nahm an der Feier nicht teil.
The President himself didn't attend the ceremony.	Der Präsident selbst nahm an der Feier nicht teil.

The President didn't attend the ceremony himself.	Der Präsident nahm nicht selbst an der Feier teil.
The President didn't attend the ceremony itself.	An der Feier selbst nahm der Präsident nicht teil.

Mitunter wird ein Personalpronomen durch ein betonendes *-self*-Pronomen ersetzt:

He has a dog nearly as big as himself.	Er hat einen Hund, der fast so groß wie er selbst ist.

By oneself oder *all by oneself* heißt *allein* im Sinne von „ohne Hilfe / ohne Begleitung":
Did you do it (all) by yourself? Hast du das (ganz) allein gemacht?

Die Possessivpronomen

Formen

Begleitende Possessivpronomen

Singular

I	have done	my	best	ich habe mein Bestes getan
you	have done	your	best	du hast dein / Sie haben Ihr Bestes getan
he	has done	his	best	er hat sein Bestes getan
she	has done	her	best	sie hat ihr Bestes getan
it	has done	its	best	es / er / sie hat sein / ihr Bestes getan

Plural

we	have done	our	best	wir haben unser Bestes getan
you	have done	your	best	ihr habt euer / Sie haben Ihr Bestes getan
they	have done	their	best	sie haben ihr Bestes getan

Neutrale Form

one	has done	one's	best	man hat sein Bestes getan

Allein stehende Possessivpronomen

Singular

his	room is below	mine	sein Zimmer ist unter meinem
her	room is below	yours	ihr Zimmer ist unter deinem / Ihrem
my	room is below	his	mein Zimmer ist unter seinem
his	room is below	hers	sein Zimmer ist unter ihrem

Plural

your	room is below	ours	euer Zimmer ist unter unserem
our	room is below	yours	unser Zimmer ist unter eurem / Ihrem
our	room is below	theirs	unser Zimmer ist unter ihrem

Gebrauch der begleitenden Possessivpronomen

Häufiger als im Deutschen stehen die Possessivpronomen in Bezug auf Körperteile und Kleidungsstücke sowie Wörter wie *life*, *death* und *mind*, wenn sie als eng zu einer Person bzw. personifizierten Tieren oder Institutionen gehörig angesehen werden:

Englisch: Possessivpronomen – deutsch: bestimmter Artikel

She closed / opened her eyes.	Sie schloss / öffnete **die** Augen.
Raise your right arm above your head.	Heben Sie **den** rechten Arm über **den** Kopf.
We've been on our feet all day.	Wir sind den ganzen Tag auf **den** Beinen gewesen.
I should have kept my mouth shut.	Ich hätte **den** Mund halten sollen.
The dog was unable to lift its leg.	Der Hund konnte **das** Bein nicht heben.
He helped her into her coat.	Er half ihr in **den** Mantel.
He had his hands in his pockets.	Er hatte **die** Hände in **den** Taschen.
Thousands of soldiers met their death here.	Tausende von Soldaten fanden hier **den** Tod.

Englisch: Possessivpronomen – deutsch: Personalpronomen + bestimmter Artikel

She saved his life.	Sie rettete **ihm das** Leben.
They cut his throat.	Sie schnitten **ihm die** Kehle durch.
The idea has been going through my mind for some time.	Der Gedanke geht **mir** seit einiger Zeit durch **den** Kopf.

In Fällen wie den folgenden steht dagegen wie im Deutschen der bestimmte Artikel:

He kissed her on the mouth.	Er küsste sie auf **den** Mund.
They shot him in the head.	Sie schossen ihm in **den** Kopf.
He took her by the arm.	Er nahm sie am (= an **dem**) Arm.

Possessivpronomen + *own*

Englischlernende machen oft den Fehler, *own* ohne vorangehendes Possessivpronomen zu gebrauchen, also zu sagen: *I saw it with ~~own~~ eyes.* Es muss aber heißen: *I saw it with my own eyes.* (= Ich habe es mit eigenen Augen gesehen.) Weitere Beispiele:

Possessivpronomen + *own* vor einem Nomen stehend

He stands on his own (two) feet.	Er steht auf eigenen Füßen.
That's my own business.	Das ist meine eigene Angelegenheit.
She took her own life.	Sie nahm sich das Leben.

Häufig entspricht der englischen Fügung Possessivpronomen + *own* im Deutschen eine Konstruktion mit *selbst*:

We bake our own bread.	Wir backen unser Brot **selbst**.
Thanks, I can find my own way.	Danke, ich kann den Weg **selbst** finden.
They've taken matters into their own hands.	Sie haben die Sache **selbst** in die Hand genommen.

Possessivpronomen + *own* allein stehend

The girls have a room of their own.	Die Mädchen haben ein **eigenes** Zimmer.
I've got more than enough problems of my own.	Ich habe mehr als genug **eigene** Probleme.
She never went out on her own.	Sie ging nie **alleine** aus.

Gebrauch der allein stehenden Possessivpronomen

Allein stehend werden die Possessivpronomen in Konstruktionen wie den folgenden gebraucht. Beachten Sie die Formen:

She's a friend of mine.	Sie ist eine Freundin von mir.
The choice is yours.	Sie haben die Wahl.
The idea was entirely his.	Es war ganz und gar seine Idee.
The decision is hers and her husband's.	Die Entscheidung liegt bei ihr und ihrem Mann.
She lives in the flat above ours.	Sie wohnt in der Wohnung über unserer / uns.
Theirs was not an easy task.	Ihre war keine leichte Aufgabe.

Yours findet auch in den Schlussformeln von Briefen Verwendung:

Yours sincerely *BE* / *AE* Sincerely yours	(*etwa*) Mit freundlichen Grüßen

Beachten Sie den Unterschied:

some pictures of hers	einige ihrer Bilder (d. h. Bilder, die ihr gehören oder von ihr gemalt wurden)
some pictures of her	einige Bilder von ihr (d. h. Bilder, die sie darstellen)

Die Fragepronomen

Das Fragepronomen *who(m)*

Who(m) fragt nach Personen, und zwar im Gegensatz zu *which* (► S. 35) aus einer uneingeschränkten Zahl.
Who steht sowohl in Subjekt- als auch in Objektposition.
In Objektposition ist *whom* eine Alternative zu *who*, die mitunter als überkorrekt bzw. affektiert empfunden wird.

Who als Subjekt in direkter und indirekter Frage

Who's that woman over there? I don't know who that woman is.	Wer ist die Frau da drüben? Ich weiß nicht, wer diese Frau ist.
Who wrote *Lord of the Flies*? Do you know who wrote *Lord of the Flies*?	Wer schrieb *Herr der Fliegen*? Weißt du, wer *Herr der Fliegen* geschrieben hat?

Who als Objekt in direkter und indirekter Frage

Who do you mean? They wanted to know who I meant.	Wen meinen Sie? Sie wollten wissen, wen ich meinte.
Who does she work for? She didn't tell me who she works for.	Für wen arbeitet sie? Sie sagte mir nicht, für wen sie arbeitet.

Whom ist als Objektform grammatisch möglich, wenn auch umgangssprachlich unüblich. Nach **Präpositionen** allerdings ist allein *whom* die richtige Form. Vergleichen Sie:

Who did you lend it to? To whom did you lend it?	} Wem hast du es geliehen?
Who was it invented by? By whom was it invented?	} Von wem wurde es erfunden?

Das Fragepronomen *whose*

Whose (= wessen) fragt nach dem Besitzer und kann vor einem Nomen stehend (*Whose book is this?*) oder allein stehend (*Whose is this book?*) gebraucht werden:

Whose fault is it? I don't care whose fault it is.	Wessen Schuld ist es? Mir ist egal, wessen Schuld es ist.
Whose are those dirty socks? I've no idea whose they are.	Wem gehören die schmutzigen Socken da? Ich habe keine Ahnung, wem sie gehören.

Das Fragepronomen *what*

What kann allein stehend (= was) oder vor einem Nomen stehend (= was für, welche[r, s]) gebraucht werden.
What fragt (im Gegensatz zu *which* – siehe unten) aus einer uneingeschränkten Zahl.

What allein stehend

What's your favourite colour?	Was ist Ihre Lieblingsfarbe?
What happens if I forget my password?	Was passiert, wenn ich mein Passwort vergesse?
What do you think?	Was meinst du?
What are you talking about?	Wovon redest du eigentlich?
What's the weather like?	Wie ist (denn) das Wetter?

What vor einem Nomen stehend

What colour is his car?	Welche Farbe hat sein Auto?
What time is she coming back?	Um welche Zeit kommt sie zurück?
What kind of person are you?	Was für ein Mensch bist du?

Das Fragepronomen *which*

Während *what* und *who* ganz allgemein – d. h. aus einer uneingeschränkten Zahl – fragen, wählt *which* aus einer genannten oder gedachten Menge aus. Es kann vor einem Nomen (*Which toothpaste is the best?*) oder allein stehen (*Which is the best toothpaste?*). Oft wird die Gruppe, aus der die Auswahl erfolgt, mit *of* angefügt (*Which of these toothpastes is the best?*).
Which wird gleichermaßen mit Bezug auf Personen oder Nichtpersonen verwendet: *Which player / horse / picture impressed you most?* (= Welcher Spieler / Welches Pferd / Welches Bild hat Sie am meisten beeindruckt?)

Die folgenden Beispielpaare veranschaulichen den Unterschied zwischen *what / who* einerseits und *which* andererseits:

What's the capital of the US? Which is the capital – New York or Washington?	Was ist die Hauptstadt der USA? Welches ist die Hauptstadt – New York oder Washington?
Who's the boss? – His wife. Which is the boss? – The third from the left.	Wer ist der Chef? – Seine Frau. Welcher ist der Chef? – Der Dritte von links.

Relativpronomen und Relativsätze

Bestimmende und nicht bestimmende Relativsätze

Relativpronomen leiten Nebensätze – d. h. sogenannte Relativsätze – ein, die der näheren Bestimmung oder zusätzlichen Erläuterung von Wörtern oder Wortgruppen dienen:

People who do that should be locked up.	Leute, die das tun, sollte man einsperren.

Hier wird das Nomen *people* durch den Relativsatz *who do that* näher bestimmt; der Relativsatz wird durch das Relativpronomen (= bezügliche Fürwort) *who* eingeleitet.
Für den Gebrauch der Relativpronomen, die Kommasetzung und die Bemessung der Sprechpausen ist von Bedeutung, ob ein Relativsatz **bestimmend** oder **nicht bestimmend** ist.

Ein **bestimmender** Relativsatz ist für das Verständnis des Bezugswortes notwendig; ein **nicht bestimmender** liefert zusätzliche Informationen zum Bezugswort, die aber entbehrlich sind:

Bestimmend:

People who read a lot can easily do without TV.	Leute, die viel lesen, können leicht ohne Fernsehen auskommen.

Nicht bestimmend:

My wife, who reads a lot, can easily do without TV.	Meine Frau, die viel liest, kann leicht ohne Fernsehen auskommen.

Der erste Satz wäre ohne den Relativsatz informationsmäßig unvollständig, denn *people* wäre nicht ausreichend definiert:
People can easily do without TV. – Was für Leute?
Im zweiten Satz hingegen liefert der Relativsatz lediglich eine zusätzliche Information, die für das Verständnis des Hauptsatzes nicht entscheidend ist. *My wife* ist auch ohne den Relativsatz eindeutig definiert:

My wife can easily do without TV.	Meine Frau kann leicht ohne Fernsehen auskommen.

Nicht bestimmende Relativsätze werden in der Regel durch Kommas vom Hauptsatz abgehoben. Beim Sprechen wird diese Abhebung zumeist durch Pausen bewirkt:
My wife [Pause], *who reads a lot* [Pause], *can easily do without TV.*

Relativpronomen *who*

Das Relativpronomen *who* steht mit Bezug auf Personen, Personengruppen und personifizierte Tiere; es leitet sowohl **bestimmende** als auch **nicht bestimmende** Relativsätze ein.

Bestimmende Relativsätze mit *who*

I have an uncle <u>who</u> is a lawyer.	Ich habe einen Onkel, der Rechtsanwalt ist.
It was the Americans <u>who</u> gave us Disneyland.	Die Amerikaner waren es, die uns Disneyland geschenkt haben.

Nicht bestimmende Relativsätze mit *who*

Carol, <u>who</u> had heard everything, rushed over.	Carol, die alles gehört hatte, stürzte herbei.
My mother, <u>who</u> is 92, still runs her own household.	Meine Mutter, die 92 ist, führt ihren Haushalt immer noch selbst.

In den vorstehenden Beispielen ist *who* **Subjekt**; es kann aber auch **Objekt** sein und ist dann eine umgangssprachliche Variante zu *whom*:

She has just divorced her third husband, <u>who(m)</u> she married in 2003.	Sie hat sich gerade von ihrem dritten Mann scheiden lassen, den sie 2003 heiratete.

Relativpronomen *whom*

Whom ist die Objektform von *who*. Als Relativpronomen kommt *whom* im gesprochenen Englisch recht selten vor, weil es in bestimmenden Relativsätzen (s. o.) meist weggelassen wird (s. u.) und nicht bestimmende Relativsätze in der gesprochenen Sprache unüblich sind.

Bestimmende Relativsätze mit *whom*

She married a man <u>whom</u> she didn't love.	Sie heiratete einen Mann, den sie nicht liebte.
He looks like someone with <u>whom</u> it is safe to do business.	Er sieht wie jemand aus, mit dem man gefahrlos Geschäfte machen kann.
She was a woman to <u>whom</u> sport was everything.	Sie war eine Frau, der der Sport alles bedeutete.

In bestimmenden Relativsätzen wird ein in Objektposition stehendes Relativpronomen häufig weggelassen. Diese „Kontaktkonstruktion" (► S. 41) ist bei den ersten beiden der vorstehenden Sätze gut möglich und lautet dann so:
She married a man she didn't love.
He looks like someone it's safe to do business with.

Nicht bestimmende Relativsätze mit *whom*

Mr Jones, whom we employed on your recommendation, has proved to be an excellent choice.	Herr Jones, den wir auf Ihre Empfehlung hin einstellten, hat sich als ausgezeichnete Wahl erwiesen.
She is married to Oliver Brown, with whom she has two children.	Sie ist verheiratet mit Oliver Brown, mit dem sie zwei Kinder hat.

Der folgende Gebrauch von *of whom* findet sich nach Zahlenangaben (z. B. *five of whom*) und Mengenbezeichnungen wie *many*, *most*, *all* und *some*:

They were outraged by the behaviour of the fans, many of whom had been drinking since the afternoon.	Sie waren empört über das Benehmen der Fans, von denen viele schon seit dem Nachmittag Alkohol getrunken hatten.
The population totals only 1.3 million people, most of whom live in the coastal cities.	Die Bevölkerungszahl beläuft sich auf nur 1,3 Millionen Menschen, von denen die meisten in den Küstenstädten leben.

Relativpronomen *whose*

Whose steht als Relativpronomen mit Bezug auf Personen und Sachen in bestimmenden und nicht bestimmenden Relativsätzen.

Bestimmende Relativsätze mit *whose*

There are special classes for children whose first language is not English.	Es gibt besondere Klassen für Kinder, deren Muttersprache nicht Englisch ist.

She provided the idea for a TV series whose main character is an elephant.	Von ihr stammt die Idee für eine Fernsehserie, deren Hauptfigur ein Elefant ist.

Nicht bestimmende Relativsätze mit *whose*

He is being charged with the murder of Ian Richards, whose body was found in Charnwood Forest two weeks ago.	Er wird des Mordes an Ian Richards angeklagt, dessen Leiche vor zwei Wochen im Charnwood-Wald aufgefunden wurde.
Bangladesh, whose name used to be East Pakistan, was a part of Pakistan till 1971.	Bangladesch, dessen Name früher Ostpakistan war, war bis 1971 ein Teil Pakistans.

Relativpronomen *which*

Das Relativpronomen *which* steht in Subjekt- oder Objektposition mit Bezug auf Nichtpersonen und nicht personifizierte Tiere in bestimmenden und nicht bestimmenden Relativsätzen.

Bestimmende Relativsätze mit *which*

Many ideas which look good on paper just don't work in practice.	Viele Ideen, die gut auf dem Papier aussehen, funktionieren einfach nicht in der Praxis.
We live in a society which is obsessed with sex.	Wir leben in einer Gesellschaft, die vom Sex besessen ist.
The place had the kind of ambience which you expect in Italian restaurants.	Das Lokal hatte die Art von Ambiente, die man in italienischen Restaurants erwartet.
We visited one of the ancient castles for which the region is famous.	Wir besuchten eine der alten Burgen, für die die Gegend bekannt ist.

In bestimmenden Relativsätzen kann statt *which* auch *that* stehen (► S. 40), allerdings nicht nach einer Präposition:
Many ideas that look good on paper just don't work in practice.
We live in a society that's obsessed with sex.

Ein in Objektposition stehendes *which* kann häufig weggelassen werden (Kontaktkonstruktion, ► S. 41); beachten Sie die sich dann ergebende Endstellung einer etwaigen Präposition (hier *for*):
The place had the kind of ambience you expect in Italian restaurants.
We visited one of the ancient castles the region is famous for.

Nicht bestimmende Relativsätze mit *which*

Greenland has warm feelings for the United States, which fed and protected the island during World War II.	Grönland hegt große Sympathien für die Vereinigten Staaten, die die Insel während des 2. Weltkriegs mit Lebensmitteln versorgten und schützten.
His first novel, which he wrote at the age of nearly 60, made Defoe world-famous.	Sein erster Roman, den er im Alter von fast 60 Jahren schrieb, machte Defoe weltberühmt.
She wrote some 50 novels, some of which became bestsellers.	Sie schrieb etwa 50 Romane, von denen einige Bestseller wurden.

Relativpronomen *that*

Das Relativpronomen *that* steht mit Bezug auf Sachen und – wesentlich seltener – Personen.
That wird fast ausschließlich zur Einleitung **bestimmender Relativsätze** – also ohne Komma oder Sprechpause – gebraucht.
Meist steht *that* in Subjektposition. Einem *that* in Objektposition wird die Kontaktkonstruktion ohne Relativpronomen vorgezogen (► S. 41).
Eine etwaige Präposition kann nicht vor *that*, sondern nur am Ende des Relativsatzes stehen.

Relativpronomen *that* in Subjektposition

Is this the plane that was to take off at 11.30?	Ist dies die Maschine, die um 11.30 Uhr starten sollte?
There are companies that specialize in this sort of thing.	Es gibt Firmen, die sich auf so was spezialisiert haben.

Relativpronomen *that* in Objektposition

She is the dearest friend that I have ever had.	Sie ist die liebste Freundin, die ich je gehabt habe.
It was great to have someone that I could talk to.	Es war toll, jemand zu haben, mit dem ich reden konnte.

Ein in Objektposition stehendes *that* kann häufig weggelassen werden (Kontaktkonstruktion) – so auch in den vorstehenden Beispielen:
She is the dearest friend I have ever had.
It was great to have someone I could talk to.

Der letzte Satz lässt sich förmlicher auch so formulieren:
It was great to have someone to whom I could talk.

Schließlich ist im letzten Satz bei gleicher Bedeutung auch eine Infinitivkonstruktion (► S. 117) möglich:
It was great to have someone to talk to.

Kontaktkonstruktion ohne Relativpronomen

Bestimmende Relativsätze, in denen das gleichfalls mögliche Relativpronomen in Objektposition stehen würde, werden häufig ohne Relativpronomen direkt an das Bezugswort angeschlossen:

Is that all I can do for you?	Ist das alles, was ich für Sie tun kann?
He had no beliefs he was willing to die for.	Er hatte keine Überzeugungen, für die er zu sterben bereit war.
Soccer is a sport most Americans are not interested in.	Fußball ist ein Sport, für den sich die meisten Amerikaner nicht interessieren.

Die Kontaktkonstruktion ist die umgangssprachlichste Variante des Relativsatzes. Die folgenden Alternativen klingen förmlicher.
Is that all that I can do for you?
He had no beliefs for which he was willing to die.
Soccer is a sport in which most Americans are not interested.

Demonstrativpronomen

Unterschied zwischen *this* und *that*

Die Demonstrativpronomen *this* (Plural: *these*) und *that* (Plural: *those*) werden vor einem Nomen (*I like **this** book*) oder allein stehend (***This** is her best book*) gebraucht; dabei weist *this / these* auf örtlich, zeitlich oder gedanklich Näherliegendes, *that / those* hingegen auf Fernerliegendes:

Nice photo. But who's this woman here? See that woman over there? She's our MP.	Schönes Foto. Aber wer ist diese Frau hier? Siehst du die Frau da drüben? Sie ist unsere Parlamentsabgeordnete.
We're expecting record sales this year. I finished my apprenticeship in 1995 and also got married that year.	Wir erwarten für dieses Jahr Rekordumsätze. Ich beendete meine Lehre 1995, und in diesem Jahr heiratete ich auch.
We got up very early this morning. I'll never forget that morning when we got the call.	Wir sind heute Morgen sehr früh aufgestanden. Ich werde nie jenen Morgen vergessen, als wir den Anruf bekamen.

Gebrauch der Pluralformen *these* und *those*

These ist der Plural von *this*, *those* der Plural von *that*. Besonders zu beachten ist die Pluralform in Fällen, wo man vom Deutschen her zum Gebrauch des Singulars neigt:

these (nicht: ~~this~~) are = **dies** (hier) sind
those (nicht: ~~that~~) are = **das** (da) sind

Anwendungsbeispiele:

These are sparrows and those are robins.	Dies (hier) sind Spatzen und das (da) sind Rotkehlchen.
These / Those are things that annoy me.	Dies / Das sind Dinge, die mich ärgern.
Everything is so expensive these days.	Heutzutage ist alles so teuer.
She's one of those who take the Bible literally.	Sie ist eine von denen, die die Bibel wörtlich nehmen.

Adverbialer Gebrauch von *this* und *that*

The statue is only about this high.	Die Statue ist nur etwa so hoch.
I'm sure she wouldn't be that stupid.	So dumm wäre sie sicher nicht.
I didn't expect to have to wait that / this long.	Ich hatte nicht damit gerechnet, so lange warten zu müssen.
The job isn't all that bad.	(Ganz) So schlimm ist die Arbeit nun auch wieder nicht.

Indefinite Pronomen

Die indefiniten Pronomen bilden eine große und recht gemischt zusammengesetzte Gruppe von entweder allein oder vor einem Nomen stehenden unbestimmten Mengenbezeichnungen, von denen wir hier nur die wichtigsten und besonders fehleranfälligen behandeln.

Some – any

Some und seine Zusammensetzungen stehen in bejahten Aussagen, während *any* und seine Zusammensetzungen in Fragen, verneinten und Ungewissheit ausdrückenden Sätzen auftreten:

I took some notes.	Ich habe mir einige Notizen gemacht.

Did you take any notes?	Haben Sie sich Notizen gemacht?
I didn't take any notes.	Ich habe mir keine Notizen gemacht.
I don't know if she took any notes.	Ich weiß nicht, ob sie sich Notizen gemacht hat.

She said something interesting.	Sie sagte etwas Interessantes.
Did she say anything interesting?	Hat sie (irgend)was Interessantes gesagt?
She didn't say anything interesting.	Sie hat nichts Interessantes gesagt.
She hardly ever says anything interesting.	Sie sagt kaum mal etwas Interessantes.
I doubt whether she has anything interesting to say.	Ich bezweifle, dass sie etwas Interessantes zu sagen hat.

Some und seine Zusammensetzungen stehen auch in Fragen, auf die eine bejahende Antwort erwartet wird oder die den Charakter einer Einladung, eines Angebots oder einer Aufforderung haben:

Could I have some mineral water, please?	Könnte ich bitte etwas Mineralwasser haben?
Would you like something to drink?	Hätten Sie gern etwas zu trinken?
Can't someone tell her the truth?	Kann ihr nicht jemand die Wahrheit sagen?
Why don't you do something about it?	Warum unternehmt ihr nichts dagegen?

Steht *any* in einem bejahten Satz, so hat es die Bedeutung „jede(r, s) / alles (x-beliebige)“ (► S. 45):

Any fool can be brave.	Jeder Dummkopf kann tapfer sein.
Anyone with any sense would have stayed at home.	Jeder halbwegs vernünftige Mensch wäre zu Hause geblieben.
I'd give anything for a kiss from her.	Für einen Kuss von ihr würde ich alles geben.
The bomb may explode (at) any time.	Die Bombe kann jederzeit explodieren.

All – every – each – any

all	alle (allgemein)
all (of) the	alle (aus einer bestimmten Anzahl)
every	jede(r, s) (von allen)
each	jede(r, s) einzelne (aus einer bestimmten Anzahl)
any	jede(r, s) (x-beliebige)

All children need love.	Alle Kinder brauchen Liebe.
All (of) the children got presents.	Alle Kinder bekamen Geschenke.
Every child got a present.	Jedes Kind bekam ein Geschenk.
Each child was given a number.	Jedes (einzelne) Kind erhielt eine Nummer.
Any child knows that.	Das weiß doch jedes Kind.

Everyone – no one, everything – nothing

Everyone / Everybody knows about it.	Jeder weiß / Alle wissen davon.
No one / Nobody knows what happened.	Niemand / Keiner weiß, was passiert ist.
He thinks he knows every-thing but he actually knows nothing.	Er denkt, dass er alles weiß, aber tatsächlich weiß er nichts.

Both – the two – either – neither

Beachten Sie die verschiedenen Entsprechungen für dt. *beide*:

Ohne vorangehenden Artikel:

Both (men) were arrested.	Beide (Männer) wurden verhaftet.
They were both arrested.	Sie wurden beide verhaftet.
Both of them were arrested.	Beide wurden verhaftet.
They both knew about it.	Sie wussten beide davon.

Mit vorangehendem Artikel:

The two (men) were arrested.	Die beiden (Männer) wurden verhaftet.

Mit nachfolgendem Artikel:

Both the men were arrested.	Die Männer wurden beide verhaftet.

Eine(n) aus einer Zweiergruppe aussondernd:

Either man would be good.	Jeder der beiden Männer wäre gut.
Either of them would be good.	Jede(r) der beiden wäre gut.

Verneintes *either*:

Neither man would be suitable.	Keiner der beiden Männer wäre geeignet.
Neither of them would be suitable.	Keine(r) von beiden wäre geeignet.

Entsprechungen für *viele* und *viel*

Hauptentsprechungen für *viele* sind *many*, *a lot of* und *lots of*:

He has many / a lot of / lots of friends.	Er hat viele Freunde.

Hauptentsprechungen für *viel* sind *much* und *a lot of*:

There'll be a lot of noise.	Es wird viel Krach geben.
Will there be a lot of / much noise?	Wird es viel Krach geben?
There won't be much / a lot of noise.	Es wird nicht viel Krach geben.
How much noise will there be?	Wie viel Krach wird es geben?
There won't be too much noise.	Es wird nicht allzu viel Krach geben.

Entsprechungen für *wenige* und *wenig*

Few bezieht sich – als Gegensatzwort zu *many* – auf **zählbare** Begriffe:

Few people really know her.	Nur wenige Menschen kennen sie wirklich.
Many are invited, but few are chosen.	Viele sind eingeladen, aber (nur) wenige sind auserwählt.

Zu beachten sind die Unterschiede zwischen *few*, *a few* und *quite a few*:

few accidents	wenig(e) Unfälle
a few accidents	ein paar / einige Unfälle
quite a few accidents	ziemlich viele Unfälle

Little bezieht sich – als Gegensatzwort zu *much* – auf **nichtzählbare** Begriffe:

There's little hope of finding them alive.	Es besteht wenig Hoffnung, sie lebend zu finden.
They had little time for sightseeing.	Sie hatten wenig Zeit für Besichtigungen.

A little ist meist mehr als *little*:

It takes a little time to get used to it.	Man braucht ein wenig / etwas Zeit, um sich daran zu gewöhnen.
We can save a little money that way.	Auf diese Weise können wir etwas Geld sparen.

Fewer – less

Grundregel: *Fewer* steht mit Bezug auf **zählbare**, *less* mit Bezug auf **nichtzählbare** Nomen:

They made fewer mistakes. They made less money.	Sie machten weniger Fehler. Sie verdienten weniger Geld.
We have fewer cars. We have less traffic.	Wir haben weniger Autos. Wir haben weniger Verkehr.

Entgegen dieser Regel wird im heutigen Englisch häufig auch *less* mit zählbaren Nomen kombiniert: *less mistakes, less cars.*

In Verbindung mit *than* steht *less* immer dann auch vor normalerweise zählbaren Wörtern, wenn diese als Quantitäten (Zeiträume, Entfernungen, Geldbeträge etc.) aufgefasst werden:

less than ten years / hours / miles / dollars / points	weniger als zehn Jahre / Stunden / Meilen / Dollar / Punkte

Stützwort *one*

Will man ein bereits genanntes zählbares Nomen nicht wiederholen, so kann man es häufig nicht einfach weglassen. Vielmehr ersetzt man es nach Adjektiven, *this / that*, *the* und in einigen anderen Fällen durch das Stützwort *one(s)*:

He drives an old car because he can't afford a new one.	Er fährt ein altes Auto, weil er sich kein neues leisten kann.
People drive old cars because they can't afford new ones.	Leute fahren alte Autos, weil sie sich keine neuen leisten können.
I'm the one who's losing out.	Ich bin derjenige, der schlecht wegkommt.
We're the ones who're losing out.	Wir sind diejenigen, die schlecht wegkommen.
This picture is better than that one.	Dieses Bild ist besser als jenes.

Grundzahlen

Allgemeines zum Gebrauch der Grundzahlen

1	one [wʌn]	16	sixteen [sɪks'tiːn]
2	two [tuː]	17	seventeen [sevn'tiːn]
3	three [θriː]	18	eighteen [eɪ'tiːn]
4	four [fɔː]	19	nineteen [naɪn'tiːn]
5	five [faɪv]	20	twenty ['twenti]
6	six [sɪks]	21	twenty-one [twenti'wʌn]
7	seven ['sevn]	30	thirty ['θɜːti]
8	eight [eɪt]	35	thirty-five [θɜːti'faɪv]
9	nine [naɪn]	40	forty ['fɔːti]
10	ten [ten]	48	forty-eight [fɔːti'eɪt]
11	eleven [ɪ'levn]	50	fifty ['fifti]
12	twelve [twelv]	60	sixty ['sɪksti]
13	thirteen [θɜː'tiːn]	70	seventy ['sevnti]
14	fourteen [fɔː'tiːn]	80	eighty ['eɪti]
15	fifteen [fɪf'tiːn]	90	ninety ['naɪnti]

100	one hundred ['hʌndrəd] / a hundred
101	one hundred and one / a hundred and one
102	one hundred and two / a hundred and two
200	two hundred
368	three hundred and sixty-eight
1,000	one thousand ['θaʊznd] / a thousand
1,101	one thousand one hundred and one
3,000	three thousand
100,000	one hundred thousand / a hundred thousand
1,000,000	one million ['mɪljən] / a million
1,000,000,000	one billion ['bɪljən] / a billion

Beachten Sie zu den Zahlen:

1. Zahlen, die Besonderheiten in der Schreibung aufweisen, sind rot hervorgehoben.
2. Während man im Deutschen *hundert* statt *einhundert* und *tausend* statt *eintausend* sagen kann, ist im Englischen in der Regel eine Kombination mit (betont) *one* oder (unbetont) *a* notwendig: *a / one hundred per cent* (= hundert Prozent), *one / a hundred and fifty-six miles* (= hundertsechsundfünfzig Meilen), *a thousand good ideas* (= tausend gute Ideen), *one thousand three hundred dollars* (= tausenddreihundert Dollar), *a / one million people* (= eine Million Menschen).
   Geht *the* vorweg, so entfällt *a / one*: *the first hundred years are the hardest* (= die ersten hundert Jahre sind die schwersten), *the country's thousand-year history* (= die tausendjährige Geschichte des Landes), *the Hundred Years War* (= der Hundertjährige Krieg).
3. Das *and* in *one hundred* ***and*** *one*, *one thousand one hundred* ***and*** *one* etc. wird im AE häufig weggelassen.
4. Bei Zahlen über *tausend* (nicht jedoch bei Jahreszahlen und Telefonnummern) werden oft je drei Stellen von rechts durch Komma abgeteilt: 6,000 (*six thousand*), 19,000 (*nineteen thousand*), 785,395 (*seven hundred and eighty-five thousand three hundred and ninety-five*).
   Bei Dezimalzahlen entspricht dem deutschen Komma ein Punkt: 3.5 (*three point five*) (= 3,5).

Aussprache von Jahreszahlen

the Battle of Hastings in 1066 (= ten sixty-six)
the death of Queen Victoria in 1901 (= nineteen oh one)
the Gulf War of 1991 (= nineteen ninety-one)
the year 2000 (= two thousand)
the elections in 2006 (= two thousand [and] six / twenty oh six)
the situation in 2020 (= twenty twenty / two thousand [and] twenty)

Unbestimmte Zahlenangaben

In Verwendungen der folgenden Art steht bei **unbestimmten** Zahlenangaben der **Plural**, bei **bestimmten** dagegen der **Singular**:

hundreds of miles two hundred miles	hunderte von Meilen zweihundert Meilen
hundreds of thousands of people two hundred thousand people	Hunderttausende von Menschen zweihunderttausend Menschen
millions of copies three million copies	Millionen von Exemplaren drei Millionen Exemplare
dozens of cases two dozen cases	Dutzende von Fällen zwei Dutzend Fälle

Entsprechungen für dt. *Null*

Four minus four is zero ['zɪərəʊ] / *BE auch* nought [nɔːt].	Vier minus vier ist null.
3.06 (= three point zero / *BE auch* nought six)	3,06 (= drei Komma null sechs)
0.26 (= zero / *BE auch* nought point two six)	0,26 (= null Komma zwei sechs)
There are three zeros / *BE auch* noughts in 1,000.	Tausend hat drei Nullen.
She was born in 1905 (= nineteen oh five).	Sie wurde 1905 geboren.
The temperature was ten degrees below zero.	Die Temperatur war zehn Grad unter Null.
Leeds United won 3–0 (= three nil / nothing).	Leeds United gewann 3:0.
My phone / room number is 7030 (= seven oh / zero three oh / zero).	Meine Telefon- / Zimmernummer ist 7030.

Wiederholungszahlen

Normalerweise werden die Wiederholungszahlen mit *times* (= mal) gebildet. Ausnahmen sind *once* (= einmal) und *twice* (= zweimal):

once a week	einmal wöchentlich
the one time I lost	das eine Mal, wo ich verloren habe
twice a day / two times a day	zweimal täglich
the two times she was here	die beiden Male, wo sie hier war
three times a month	dreimal monatlich

Im Einmaleins (= *multiplication table*) findet *times* durchgängig Verwendung:

1 times 12 is 12	1 mal 12 ist 12
2 times 12 is 24	2 mal 12 ist 24
3 times 12 is 36 etc.	3 mal 12 ist 36 etc.

Geldbeträge

Das Pfund- (£) bzw. Dollarzeichen ($) wird ohne Abstand **vor** der Betragsangabe geschrieben, aber **nach** der Zahl gesprochen:

£50 = fifty pounds
$50 = fifty dollars

Die Abkürzung für *penny / pence* (*p*) bzw. *cent(s)* hingegen wird – ebenfalls ohne Abstand – nachgestellt:

99p = ninety-nine pence / ninety-nine p [piː]
99¢ = ninety-nine cents

„Gemischte" Geldbeträge werden wie folgt geschrieben bzw. gesprochen:

£49.95	= forty-nine pounds ninety-five (pence)
£9.99	= nine (pounds) ninety-nine
$89.95	= eighty-nine dollars (and) ninety-five cents
$16.90	= sixteen (dollars) ninety

Uhrzeit

6:00	six / six o'clock
6:02	two minutes past six / *AE auch* two minutes after six
6:05	five (minutes) past six / *AE auch* five (minutes) after six
6:10	ten (minutes) past six / *AE auch* ten (minutes) after six
6:15	(a) quarter past six / *AE auch* (a) quarter after six
6:30	half past six / *BE auch* half six / *AE auch* half after six
6:40	twenty (minutes) to seven / *AE auch* twenty (minutes) of seven
6:45	(a) quarter to seven / *AE auch* (a) quarter of seven

Beachten Sie:

1. *o'clock* kann nur bei der vollen Stunde stehen und wird nie mit *a.m.* oder *p.m.* kombiniert.
2. Häufig werden Uhrzeiten auch so gesprochen: *six oh two* (6:02), *six ten* (6:10), *six fifteen* (6:15), *six forty* (6:40) etc.
3. Zur Unterscheidung der ersten und zweiten Tageshälfte wird mitunter *a.m.* oder *p.m.* hinzugefügt: *9:45 a.m.* (= 9.45 Uhr vormittags), *9:45 p.m.* (= 21.45 Uhr).
4. Zunehmend werden die 24 Stunden durchgezählt: *14:15 (= fourteen fifteen), 18:45 (= eighteen forty-five).*

Adjektive aus Grundzahl + Singularnomen

In Fällen wie den folgenden steht bei Voranstellung (mit Bindestrich!) der Singular, bei Nachstellung dagegen der Plural:

an eight-hour day a working day of eight hours	ein Achtstundentag ein Arbeitstag von acht Stunden
a twenty-pound note I paid twenty pounds	eine Zwanzigpfundnote ich bezahlte zwanzig Pfund
a ten-year-old girl a girl who is ten years old	ein zehnjähriges Mädchen ein Mädchen, das zehn Jahre alt ist

Ordnungszahlen

Bildung der Ordnungszahlen

Ordnungszahl **regelmäßig** gebildet aus der Grundzahl + *-th*:

4th	fourth [fɔːθ]	vierte
15th	fifteenth [fɪfˈtiːnθ]	fünfzehnte
27th	twenty-seventh	siebenundzwanzigste
100th	hundredth [ˈhʌndrədθ]	hundertste
110th	hundred and tenth	hundertzehnte

Ordnungszahl **unregelmäßig** gebildet:

1st	first [fɜːst]	erste
2nd	second [ˈsekənd]	zweite
3rd	third [θɜːd]	dritte
21st	twenty-first	einundzwanzigste
32nd	thirty-second	zweiunddreißigste
43rd	forty-third	dreiundvierzigste *etc.*

Unregelmäßige Schreibung bzw. Aussprache:

five – fifth [fɪfθ]	twenty – twentieth [ˈtwentiəθ]
eight – eighth [eɪtθ]	thirty – thirtieth [ˈθɜːtiəθ]
nine – ninth [naɪnθ]	forty – fortieth [ˈfɔːtiəθ]
twelve – twelfth [twelfθ]	*etc.*

Gebrauch der Ordnungszahlen allgemein

the 20th / twentieth century	das zwanzigste Jahrhundert
her 85th / eighty-fifth birthday	ihr 85. Geburtstag
on 14th / Fourteenth Street	in der 14. Straße
on Fifth / 5th Avenue	in der Fifth Avenue
the Third World	die Dritte Welt
the fourth largest country	das viertgrößte Land

Die römischen Ziffern nach Herrschernamen werden ohne Punkt geschrieben und als Ordnungszahl gesprochen:

Edward VII (= Edward the Seventh)	Eduard VII.
Henry VIII (= Henry the Eighth)	Heinrich VIII.

Gebrauch der Ordnungszahlen: Datum

Für das Datum sind dies die heute geläufigsten Schreib- und Sprechweisen:

BE: 4 November 2005

on the fourth of November, two thousand and five	am 4. November zweitausend-fünf

AE: November 4, 2005

on November four, two thousand (and) five	am 4. November zweitausend-fünf

Gebrauch der Ordnungszahlen: gemeine Brüche

Die Ordnungszahlen finden sich auch im Nenner von Brüchen (= *fractions*), bei Zählern über 1 mit der Pluralendung *-s*. Sonderformen sind *half*/*halves* und *quarter(s)*.

$^1/_2$	a half / one half
$^3/_2$	three halves
$^1/_3$	a third / one third
$^2/_3$	two thirds
$^1/_4$	a quarter / one quarter / *AE auch* a / one fourth
$^3/_4$	three quarters / *AE auch* three fourths
$^1/_5$	a fifth / one fifth
$1\,^3/_5$	one and three fifths
$2\,^5/_{16}$	two and five sixteenths
$^7/_{100}$	seven hundredths
$^{25}/_{32}$	twenty-five over thirty-two / twenty-five thirty-seconds

Typische Anwendungsbeispiele

five and a half inches / five inches and a half	fünfeinhalb Zoll
half an hour / *AE* a half hour	eine halbe Stunde
half the world's population	die Hälfte der Weltbevölkerung
half of all Americans	die Hälfte aller Amerikaner
every half hour	alle halbe Stunde
every quarter of an hour	alle Viertelstunde
a quarter (of a) million people	eine Viertelmillion Menschen
three quarters of an hour	eine Dreiviertelstunde
a two-thirds majority	eine Zweidrittelmehrheit
one hundredth of a second	eine Hundertstelsekunde

Adjektive sind Eigenschaftswörter, also Wörter wie *nice*, *possible* und *afraid*, mit denen man Eigenschaften oder Merkmale von Personen, Sachen und abstrakten Begriffen bezeichnet: *a **nice** girl* (= ein nettes Mädchen), *a **possible** solution* (= eine mögliche Lösung). Die meisten englischen Adjektive können sowohl attributiv (d. h. beim Nomen stehend: *a **nice** girl*) als auch prädikativ (d. h. beim Verb stehend: *the girl is **nice***) gebraucht werden; einige wenige lassen nur den prädikativen Gebrauch zu (*the girl is **afraid***, nicht möglich dagegen: ~~*an afraid girl*~~). Mitunter entsprechen attributiv gebrauchte englische Nomen deutschen Adjektiven: *a **gold** watch* (= eine goldene Uhr); umgekehrt können Adjektive gelegentlich wie Nomen gebraucht werden: *the rich and the poor* (= die Reichen und die Armen). Ein besonders wichtiges Thema ist schließlich die Steigerung des Adjektivs, der wir deshalb breiten Raum widmen: *The girl is **nicer than** the boy.* (= Das Mädchen ist netter als der Junge.) – *She's the **nicest** girl in the world.* (= Sie ist das netteste Mädchen der Welt.)

Attributiver und prädikativer Gebrauch

Die meisten englischen Adjektive können – wie ihre deutschen Entsprechungen – sowohl attributiv (d. h. beim Nomen stehend) als auch prädikativ (d. h. beim Verb stehend) gebraucht werden:

Attributiv vor dem Nomen

a suitable dictionary	ein geeignetes Wörterbuch

Attributiv nach dem Nomen

a dictionary suitable for beginners	ein Wörterbuch, das für Anfänger geeignet ist

Prädikativ

This dictionary is suitable for beginners.	Dieses Wörterbuch ist für Anfänger geeignet.

Während ein Adjektiv wie *suitable* jede der drei Positionen einnehmen kann, bestehen bei einer kleinen Zahl von Adjektiven hinsichtlich der Stellungsmöglichkeiten gewisse Einschränkungen:

1. Die Adjektive *present* (= anwesend), *concerned* (= betreffend) und *involved* (= beteiligt) können sowohl attributiv als auch prädikativ gebraucht werden; attributiv stehen sie in den genannten Bedeutungen stets **hinter** dem Nomen:

the ladies present	die anwesenden Damen
the minister concerned	der betreffende Minister
the firms involved	die beteiligten Firmen

2. In der Regel nur prädikativ gebraucht werden zweisilbige Adjektive, die mit unbetontem *a-* beginnen: *afraid*, *alike*, *alive*, *alone*, *asleep*, *awake* etc. (Fügungen wie ~~*an afraid man*~~ oder ~~*an asleep baby*~~ sind also unmöglich.)

A frightened animal is afraid.	Ein verängstigtes Tier hat Angst.
Live [laɪv] animals are alive.	Lebende Tiere sind lebendig.
A sleeping baby is asleep.	Ein schlafendes Baby schläft.

3. „Krank" wird im BE prädikativ durch *ill*, attributiv meist durch *sick* ausgedrückt:

Her child is ill.	Ihr Kind ist krank.
She has a sick child.	Sie hat ein krankes Kind.

Nomen in adjektivischer Funktion

Mitunter entsprechen attributiv gebrauchte englische Nomen deutschen Adjektiven:

a gold watch	eine goldene Uhr
a silk dress	ein seidenes Kleid
a business appointment	ein geschäftlicher Termin
for tax reasons	aus steuerlichen Gründen
a surprise phone call	ein überraschender Anruf
enemy ships	feindliche Schiffe

Auch Ortsnamen werden im Englischen in der Regel – anders als im Deutschen – unverändert in adjektivischer Funktion verwendet:

the fall of the Berlin Wall	der Fall der Berliner Mauer
a London store	ein Londoner Kaufhaus
the New York subway	die New Yorker U-Bahn

Steigerung und Vergleich

Englische Adjektive werden gesteigert entweder durch Anhängen von ***-er / -est*** oder durch Voranstellen von ***more / most*** oder **unregelmäßig**:

-er / -est:

a cheap car	ein billiges Auto
a cheaper car	ein billigeres Auto
the cheapest car	das billigste Auto

more / most:

an expensive car	ein teures Auto
a more expensive car	ein teureres Auto
the most expensive car	das teuerste Auto

Unregelmäßig:

a good car	ein gutes Auto
a better car	ein besseres Auto
the best car	das beste Auto

Steigerung mit *-er / -est*

Einsilbige Adjektive werden in der Regel mit *-er/-est* gesteigert:

London is older ['əʊldə] than New York.	London ist älter als New York.
She was the oldest ['əʊldɪst] of six children.	Sie war das älteste von sechs Kindern.

Schreibbesonderheiten

Ein *-e* am Ende des Adjektivs entfällt beim Anhängen von *-er/-est*:

fine [faɪn]	finer ['faɪnə]	finest ['faɪnɪst]

Bei einsilbigen Adjektiven werden die Endbuchstaben *-d*, *-g*, *-n*, *-t* nach kurzem *a*, *e*, *i*, *o* verdoppelt:

sad [sæd]	sadder ['sædə]	saddest ['sædɪst]
big [bɪg]	bigger ['bɪgə]	biggest ['bɪgɪst]
hot [hɒt]	hotter ['hɒtə]	hottest ['hɒtɪst]

Zweisilbige Adjektive auf *-y* werden ebenfalls in der Regel mit *-er/-est* gesteigert, wobei das *-y* zu *-i-* wird. Beispiel *easy*:

It could be much easier ['i:ziə].	Es könnte viel einfacher sein.
It's the easiest ['i:ziɪst] thing in the world.	Es ist die leichteste Sache der Welt.

Steigerung mit *more / most*

Adjektive mit **mehr als zwei Silben** werden stets mit *more /most* gesteigert:

This is an important point.	Dies ist ein wichtiger Punkt.
This point is more important than all the others.	Dieser Punkt ist wichtiger als alle anderen.
This is the most important point.	Dies ist der wichtigste Punkt.

Zweisilbige Adjektive – mit Ausnahme derer auf *-y* – werden ebenfalls in der Regel mit *more /most* gesteigert:

Chaplin was more famous than most other clowns.	Chaplin war berühmter als die meisten anderen Clowns.
Chaplin was one of the most famous clowns of all time.	Chaplin war eine der berühmtesten Clowns aller Zeiten.

Werden **Eigenschaften ein und desselben Subjekts** miteinander verglichen, so ist nur die Steigerung mit *more* möglich:

She was more sad than angry.	Sie war mehr traurig als ärgerlich.
I was more dead than alive.	Ich war mehr tot als lebendig.

Unregelmäßige Steigerung

Stets unregelmäßig gesteigert werden die folgenden Adjektive:

good – **better** – **best**	gut – besser – beste
bad – **worse** [wɜːs] – **worst** [wɜːst]	schlecht – schlechter – schlechteste
much – **more** – **most**	viel – mehr – meiste
many – **more** – **most**	viele – mehr – die meisten
little – **less** – **least** [liːst]	wenig – weniger – wenigste

Zum Unterschied zwischen *less* und *fewer* siehe S. 48.

Zu *far* gibt es zwei Sets von Steigerungsformen:

far – **further** – **furthest** far – **farther** – **farthest**	} weit – weiter – weiteste

Die Steigerungsformen *further/furthest* können Sie immer benutzen, d. h. sowohl in örtlichem als auch übertragenem Sinn. *Farther/farthest* erlaubt nur eine Verwendung in örtlichem Sinn. Gebrauchen Sie also am besten immer *further/furthest*.

The station was **further** / **farther** away than we thought.	Der Bahnhof war weiter entfernt, als wir dachten.
I have no **further** questions.	Ich habe keine weiteren Fragen.
Which is the **furthest** / **farthest** planet from the sun?	Welches ist der am weitesten von der Sonne entfernte Planet?

Die Steigerungsformen von *old* sind normalerweise *older/oldest*; *elder/eldest* – im BE mit Bezug auf Familienangehörige gebraucht – können nicht prädikativ (also z. B. vor *than*) verwendet werden:

London is **older** than Berlin.	London ist älter als Berlin.
My sister is **older** than me.	Meine Schwester ist älter als ich.
the **older** building	das ältere Gebäude
my **elder** / **older** sister	meine ältere Schwester
the **oldest** church of the city	die älteste Kirche der Stadt
my **eldest** / **oldest** son	mein ältester Sohn

Fehlerquellen

Last* – *latest

Last gebraucht man, wenn man das in der Reihenfolge *Letzte* meint – danach kommt nichts mehr; *latest* dagegen bezeichnet das zeitlich *Letzte*, das *Neueste* also.

Entsprechend sagt man *"The Tempest" was Shakespeare's **last** play* (= „Der Sturm" war Shakespeares letztes Stück), weil Shakespeare danach kein weiteres Stück geschrieben hat oder schreiben wird. Andererseits würde man bei einem noch lebenden Autor, von dem noch weitere Werke zu erwarten sind, sagen:

*His **latest** novel has become a bestseller.* (= Sein neuester Roman ist zu einem Bestseller geworden.)

Next* – *nearest

Next bezeichnet das in der **Reihenfolge** Nächste, *nearest* das **räumlich** Nächste:

Reihenfolge:

The next petrol station (we came to) was closed.	Die nächste Tankstelle(, zu der wir kamen,) war zu.

Entfernung:

The nearest petrol station is ten miles from here.	Die nächste Tankstelle ist zehn Meilen von hier entfernt.

Vergleichs- und Steigerungskonstruktionen

A is as big as B.	A ist so groß wie B.
A isn't as big as B.	A ist nicht so groß wie B.
A is bigger than B.	A ist größer als B.
A is more important than B.	A ist wichtiger als B.
The bigger, the better.	Je größer, desto besser.
The more they get, the more they want.	Je mehr sie bekommen, desto mehr wollen sie.
It's getting bigger and bigger.	Es wird immer größer.
It's getting more and more dangerous.	Es wird immer gefährlicher.

She's one of the richest women in the world.	Sie ist eine der reichsten Frauen der Welt.
He's one of the most intelligent people I know.	Er ist einer der intelligentesten Menschen, die ich kenne.

Das Adjektiv als Nomen

Englische Adjektive können nicht in dem gleichen Umfang als Nomen gebraucht werden wie deutsche. Häufig entspricht einem als Nomen gebrauchten deutschen Adjektiv im Englischen die Konstruktion Adjektiv + Nomen:

A lazy man always finds excuses.	Ein Fauler ist um Ausreden nie verlegen.
The strange thing about this story is that it is true.	Das Seltsame an dieser Geschichte ist, dass sie wahr ist.

Auch nach indefiniten Pronomen wie *something* oder *nothing* nimmt das Adjektiv in der deutschen Entsprechung Eigenschaften eines Nomens an:

She has created something beautiful.	Sie hat etwas Wunderschönes geschaffen.
That's nothing unusual.	Das ist nichts Ungewöhnliches.

Das Adjektiv als Singularnomen

Die Möglichkeit, ein Adjektiv als Singularnomen zu gebrauchen, ist weitgehend auf höhere Sprachebenen (Sprichwort, Aphorismus, Essay, die Bibel etc.) beschränkt und besteht nur für eine relativ kleine Zahl von abstrakten Adjektiven pauschaler Bedeutung.

It's never too late to do good.	Es ist nie zu spät, Gutes zu tun.
She achieved the impossible.	Sie vollbrachte das Unmögliche.

Gebraucht man das Adjektiv nicht in allgemeinem Sinn („das Gute / Böse / Unerwartete schlechthin"), so bietet sich eine Kombination mit *thing(s)* an:

The good thing about her is that she hardly ever takes offence.	Das Gute an ihr ist, dass sie fast nie etwas übel nimmt.
The most interesting thing about him is his eyes.	Das Interessanteste an ihm sind die Augen.

Das Adjektiv als Pluralnomen

Zur Bezeichnung der Gesamtheit der Menschen, die eine bestimmte Eigenschaft besitzen, können eine Reihe von Adjektiven – meist mit vorangestelltem *the* – als Pluralnomen ohne *-s*-Endung gebraucht werden:

The rich are getting richer, and the poor are getting poorer.	Die Reichen werden reicher, und die Armen werden ärmer.
You cannot strengthen the weak by weakening the strong.	Man kann die Schwachen nicht dadurch stärken, dass man die Starken schwächt.

Nur in bestimmten Kontexten bezeichnen als Nomen verwendete Adjektive weniger als „die Gesamtheit eines Personenkreises“:

The six injured were taken to hospital.	Die sechs Verletzten wurden ins Krankenhaus gebracht.
The allied forces suffered 77 dead and 830 wounded.	Die alliierten Streitkräfte beklagten 77 Tote und 830 Verwundete.

Normalerweise wird das Adjektiv zur Bezeichnung Einzelner mit einem Nomen wie *man / men*, *woman / women*, *people* oder *person(s)* oder dem Stützwort *one(s)* (► S. 48) kombiniert:

Who is the lucky man / one?	Wer ist denn der Glückliche?
The dead woman hasn't been identified yet.	Die Tote ist noch nicht identifiziert.
Many disabled people live in poverty.	Viele Behinderte leben in Armut.
No entry for unauthorized persons	Unbefugten ist der Zutritt verboten
Everyone makes mistakes but only the clever ones learn from them.	Jeder macht Fehler, aber nur die Klugen lernen daraus.

Das Adverb

Adverbien dienen zur näheren Bestimmung von Verben, Adjektiven, Adverbien, Wortgruppen und Sätzen. Sie haben also eine ähnliche Funktion wie Adjektive – nur dass die letzteren der näheren Bestimmung von Nomen bzw. Pronomen dienen.
Über die Adverbien im Englischen sind ganze Bücher geschrieben worden. Als Lernende mit deutscher Muttersprache haben wir aber im Wesentlichen nur zwei Probleme beim Gebrauch der englischen Adverbien:

1. Wann wird *-ly* angehängt? Hierzu müssen wir vor allem wissen, ob das beschreibende Wort **Adjektiv** (*a* ***polite*** *listener* = ein höflicher Zuhörer) oder **Adverb** (*listen* ***politely*** = höflich zuhören) ist.
2. An welche Stelle im Satz gehört das Adverb? Nicht: ~~*She needs really a new coat*~~, sondern *She* ***really*** *needs a new coat* (= Sie braucht wirklich einen neuen Mantel).

Mit diesen beiden Problemen befassen wir uns in diesem Kapitel.

Form und Gebrauch der Adverbien

Adjektiv (ohne *-ly*) oder Adverb (mit *-ly*)?

Wenn im Englischen ein Adverb aus einem Adjektiv abgeleitet wird, so geschieht dies durch Anhängen von *-ly*:

Adjektiv:	She is beautiful.	Sie ist schön.
Adverb:	She sings beautifully.	Sie singt schön.

Da in der deutschen Entsprechung die beiden Formen gleich lauten (*ist* ***schön****, singt* ***schön***), liegt hier eine besondere Fehlerquelle. Es ist also wichtig zu wissen, wann man *-ly* anhängen muss und wann nicht.

Adjektive beziehen sich auf Nomen (*She is a* ***happy woman***) oder Pronomen (***She*** *is* ***happy***).
-ly-**Adverbien** beziehen sich nicht auf Nomen, sondern auf Verben, Adjektive, Adverbien sowie Wortgruppen und ganze Sätze.

Um den Gebrauchsunterschied zwischen *-ly*-Adverb und Adjektiv deutlich zu machen, ist in den folgenden Beispielen der adverbialen Konstruktion jeweils eine möglichst ähnliche adjektivische gegenübergestellt.

1. Das *-ly*-Adverb bestimmt ein Verb:

They fought bravely. They are brave fighters.	Sie kämpften tapfer. Sie sind tapfere Kämpfer.

2. Das *-ly*-Adverb bestimmt ein Adjektiv:

The day was wonderfully warm. The day was wonderful.	Der Tag war herrlich warm. Der Tag war herrlich.

3. Das *-ly*-Adverb bestimmt ein Adverb:

She behaved perfectly correctly.	Sie verhielt sich vollkommen korrekt.
Her behaviour was perfect.	Ihr Verhalten war perfekt.

4. Das *-ly*-Adverb bestimmt eine Wortgruppe:

I know exactly what it means. I know the exact meaning.	Ich weiß genau, was es bedeutet. Ich kenne die genaue Bedeutung.

5. Das *-ly*-Adverb bestimmt einen Satz:

Culturally, the city is a gem.	Kulturell ist die Stadt ein Kleinod.
In cultural terms, the city has a lot to offer.	In kultureller Hinsicht hat die Stadt viel zu bieten.

Bildung der *-ly*-Adverbien

Im Normalfall wird die Endung *-ly* einfach an das Adjektiv angehängt:

careful – carefully, exact – exactly, soft – softly

Sodann sind folgende Besonderheiten zu beachten:

1. Bei mehrsilbigen Adjektiven wird auslautendes *-y* zu *-i-*:
angry – *angrily*, *easy* – *easily*, *lucky* – *luckily*
2. Auf einen Mitlaut folgendes *-le* wird zu *-ly*:
probable – *probably*, *possible* – *possibly*, *simple* – *simply*
3. Adjektive auf *-ic* hängen *-ally* an:
automatic – *automatically*, *basic* – *basically*, *economic* – *economically*, *realistic* – *realistically*, *specific* – *specifically*
Einzige Ausnahme: *public* – *publicly*.

Endungslose Adverbien

Eine begrenzte Zahl von Adverbien ist grundsätzlich endungslos (hängt also nicht *-ly* an) und bietet deshalb von der Form her keinerlei Schwierigkeiten. Zu dieser Gruppe gehören *again*, *already*, *also*, *always*, *besides*, *enough*, *ever*, *here*, *however*, *maybe*, *never*, *now*, *often*, *perhaps*, *seldom*, *so*, *sometimes*, *soon*, *then*, *there*, *today*, *too* und *very*. Beachten Sie auch das endungslose *usual* in dem zusammengesetzten Adverb *as usual*:

She was late, as usual.	Sie kam wie immer zu spät.

Ohne *as* hingegen ist *usual* Adjektiv und bildet das Adverb mit *-ly*:

She is usually late.	Meistens kommt sie zu spät.

Sonderfall *good* – *well*

Dem Adjektiv *good* entspricht das Adverb *well*:

Adj.: Her English is very good. **Adv.:** She speaks English very well.	Ihr Englisch ist sehr gut. Sie spricht sehr gut Englisch.

Allerdings wird *well* auch als Adjektiv gebraucht und bedeutet dann *in good health*:

We're all well. — Wir sind alle wohlauf / gesund.

Adjektiv und Adverb schwer zu unterscheiden

Im folgenden Beispiel könnte man versucht sein, das rot gedruckte Wort wegen seiner Nähe zum Verb als Adverb misszuverstehen und die adverbiale Form *sadly* zu gebrauchen:

She looked sad.	Sie sah traurig aus.

Tatsächlich bezieht sich *sad* aber nicht auf das Verb *looked*, sondern auf das Pronomen *she*, ist also **Adjektiv**, nicht Adverb – deshalb ist die Form ohne *-ly* richtig.
Looked bezeichnet man hier als **Gleichsetzungsverb**. Das Verb *looked* stellt eine Verbindung zwischen *she* und *sad* her. Das am häufigsten verwendete Gleichsetzungsverb ist eine Form von *be* (= sein), also z. B. *is* oder *was*:

She was sad.	Sie war traurig.

Im folgenden Satz ist *looked* kein Gleichsetzungsverb; *sad* bezieht sich nicht auf *she*, sondern auf das Verb *looked*, ist also **Adverb** (nicht Adjektiv) und muss daher die Endung *-ly* erhalten:

She looked sadly at her broken doll.	Traurig schaute sie auf ihre kaputte Puppe.

Wie *look* können auch *smell*, *sound* und *taste* als Gleichsetzungsverben gebraucht werden – also mit nachfolgendem **Adjektiv**, das sich auf das **Subjekt** bezieht:

They hadn't washed for days and smelled bad.	Sie hatten sich tagelang nicht gewaschen und rochen schlecht.
The plan sounds good, but will it work?	Der Plan klingt gut, aber wird er funktionieren?
The sauce tastes delicious.	Die Soße schmeckt köstlich.

Im folgenden Beispiel dagegen ist *taste* kein Gleichsetzungsverb; näher bestimmt wird das Verb, nicht das Pronomen, daher *easily*, nicht *easy*:

You can easily taste the garlic.	Den Knoblauch kann man leicht herausschmecken.

Weitere häufig gebrauchte Gleichsetzungsverben sind *feel* (= sich fühlen), *seem* (= scheinen), *remain* (= bleiben), *stay* (= bleiben), *become* (= werden) und *get* (= werden).

Steigerung der Adverbien

Adverbien werden nach den gleichen Regeln wie Adjektive gesteigert (► S. 59 ff.).

Nicht aus Adjektiven abgeleitete Adverbien auf *-ly* werden mit *-er/-est* gesteigert.

Aus Adjektiven abgeleitete Adverbien auf *-ly* werden mit *more/most* gesteigert:

You should wash your hair more frequently.	Du solltest dir deine Haare öfter waschen.

Unregelmäßig gesteigerte Adverbien

badly – worse [wɜːs] – worst	schlecht – schlechter – am schlechtesten
well – better – best	gut – besser – am besten
little – less – least	wenig – weniger – am wenigsten
much – more – most	viel – mehr – am meisten

Zu *far* gibt es zwei Sets von Steigerungsformen:

far – further – furthest far – farther – farthest	} weit – weiter – am weitesten

Further und *furthest* können sowohl in örtlichem als auch übertragenem Sinn gebraucht werden; *farther* und *farthest* hingegen erlauben nur eine Verwendung in örtlichem Sinn (► S. 61):

No one jumped farther / further than he.	Niemand sprang weiter als er.
You needn't read any further.	Du brauchst nicht weiterzulesen.

Stellung der Adverbien im Satz

Für die Stellung der Adverbien im Satz bestehen verschiedene Möglichkeiten. Welche Möglichkeit gewählt wird, hängt ab von Faktoren wie Bezug (worauf bezieht sich das Adverb?), Betonung (wie erreiche ich die gewünschte Hervorhebung?) und Bedeutung (ist es z. B. ein Häufigkeitsadverb wie *usually* oder ein Adverb der Art und Weise wie *softly*?). Eine Regel, die Sie sich unbedingt merken sollten: Stellen Sie das Adverb nie zwischen das Verb und sein Objekt – wie im Deutschen! Dem deutschen Satz *Wir trinken* ***oft*** *Tee* entspricht im Englischen *We* ***often*** *drink tea* (und nicht ~~*We drink often tea*~~).

1. Adverb vor einem Adjektiv oder Adverb

I was really glad.	Ich war wirklich froh.
I'm extremely surprised.	Ich bin äußerst überrascht.
She speaks English surprisingly well.	Sie spricht überraschend gut Englisch.
This computer runs unusually slowly.	Dieser Computer läuft ungewöhnlich langsam.

Ein Sonderfall ist *enough*, das nicht vor, sondern **nach** seinem Bezugswort steht:

You're intelligent enough to understand that.	Du bist intelligent genug, das zu verstehen.

Vergleichen Sie dagegen *sufficiently*, das mit *enough* annähernd bedeutungsgleich ist, aber **vor** seinem Bezugswort steht:

You're sufficiently intelligent to understand that.	Du bist hinreichend intelligent, um das zu verstehen.

2. Adverb vor dem Subjekt

Suddenly the car stopped.	Plötzlich hielt das Auto.
Originally it was a cinema.	Ursprünglich war es ein Kino.
Frankly, I don't give a damn.	Ehrlich gesagt, es ist mir vollkommen schnuppe.

3. Adverb vor dem Verb bzw. Hilfsverb

I usually have breakfast in bed.	Meistens frühstücke ich im Bett.
The car suddenly stopped.	Das Auto hielt plötzlich.
You can't suddenly say no.	Du kannst doch nicht plötzlich nein sagen.
One really can't / can't really ask for more.	Man kann wirklich nicht mehr verlangen.
I honestly don't need it.	Ich brauche es ehrlich nicht.

4. Adverb nach dem Verb (und seinen Ergänzungen)

The car stopped suddenly.	Das Auto hielt plötzlich.
People want to be treated honestly.	Die Menschen wollen, dass man ehrlich mit ihnen umgeht.
She read the book carefully.	Sie las das Buch gründlich.

Beachten Sie besonders!
Anders als im Deutschen kann das Adverb in der Regel nicht zwischen Verb (hier: *admire*) und Objekt (hier: *your courage*) stehen:

I honestly admire your courage.	Ich bewundere aufrichtig deinen Mut.

Bei den Tempora (= Zeitformen des Verbs) benutzen wir die englischen Bezeichnungen *present simple, present progressive, past simple, past progressive, present perfect simple, present perfect progressive, past perfect simple, past perfect progressive.* Wir wollen dadurch augenfällig machen, dass die englischen Tempora zum Teil erheblich anders gebraucht werden als ihre deutschen Entsprechungen.

Present simple tense

Present simple tense heißt einfaches Präsens, einfache Gegenwart. Das *present simple* muss unterschieden werden vom *present progressive* (= Verlaufsform des Präsens / Verlaufsform der Gegenwart) – eine Differenzierung, die es so im Deutschen nicht gibt.
Das *present simple* ist zum Teil endungslos – also formgleich mit dem Infinitiv (= der Grundform des Verbs): ***I know*** (= ich weiß).
In der 3. Person Singular jedoch – also nach *he*, *she*, *it* oder Wörtern, die durch *he*, *she*, *it* ersetzt werden können – hat diese Zeitform die Endung *-s*: *she* ***knows*** (= sie weiß).

Gebrauch der *-s*-Form

Die *-s*-Form des Verbs steht bei Singularnomen und -namen – also bei Wörtern, die durch *he*, *she* oder *it* ersetzt werden können.

Vergleichen Sie:

The girl	knows	that.	Das Mädchen weiß das.
Ann	knows	that.	Ann weiß das.
She	knows	that.	Sie weiß das.

Aber:

The girls	know	that.	Die Mädchen wissen das.
Ann and Liz	know	that.	Ann und Liz wissen das.
They	know	that.	Sie wissen das.

In Form einer Konjugationstabelle stellt sich der Gebrauch und Nichtgebrauch der *-s*-Form so dar:

I	know	that	ich weiß das
you	know	that	du weißt / ihr wisst / Sie wissen das
we	know	that	wir wissen das
they	know	that	sie wissen das
he / she / it	knows	that	er / sie / es weiß das

Bildung und Aussprache der *-s*-Form

Die Endung *-s* wird bei den meisten Verben stimm**haft**, also [z] gesprochen. Beispiele:

pays, knows, cares, fills, swims, runs, gives, robs, reads

Bei Verben, die auf [t], [k], [p] oder [f] auslauten, wird die *-s*-Endung stimm**los**, also [s] gesprochen. Beispiele:

bluffs, laughs, coughs, packs, drinks, drops, jumps, puts

Verben, die auf stummes *-e* mit vorhergehendem [z], [s] oder [dʒ] enden, hängen *-s* an, das zusammen mit dem *-e-* [ɪz] gesprochen wird:

loses, rises, analyses, recognizes, amazes, forces, notices, produces, increases, manages, charges, changes

Verben, die auf *-ss*, *-ch*, *-sh* oder *-x* enden, hängen *-es* [ɪz] an:

passes, expresses, reaches, fetches, pushes, finishes, mixes

End-*y* wird beim Anhängen der *-s*-Endung zu *-ie-*, wenn dem *-y* nicht ein Vokal (*a*, *e*, *o* oder *u*) vorausgeht. Beispiele:

study – studies, supply – supplies, carry – carries

Aber mit vorausgehendem Vokal:
stay – stays, obey – obeys, enjoy – enjoys, buy –buys

Sonderfälle sind:

do [duː] – does [dʌz], go [gəʊ] – goes [gəʊz], have – has

Sonderfall nur von der Aussprache her:

say [seɪ] – says [sez]

Gebrauch des *present simple*

Das *present simple* steht für Gewohnheiten, typische Tätigkeiten, Fähigkeiten und Tatsachenfeststellungen:

I usually get up at six.	Ich stehe meistens um sechs auf.
What does he do in the evening?	Was macht er abends?
Air bags save thousands of lives every year.	Airbags retten jedes Jahr Tausende von Menschenleben.
The buses run every hour.	Die Busse verkehren stündlich.
What do you do? – I'm an engineer.	Was machen Sie beruflich? – Ich bin Ingenieur.

Das *present simple* findet Verwendung, wenn ein Sachverhalt ohne Betonung des Andauerns oder Ablaufens einfach festgestellt oder erfragt wird (vgl. dagegen das *present progressive*, S. 77 ff.):

They live in Dublin.	Sie leben / wohnen in Dublin.
She writes poetry.	Sie schreibt Lyrik.
The book sells quite well.	Das Buch verkauft sich recht gut.
He speaks English well.	Er spricht gut Englisch.
What brings you here?	Was führt dich denn hierher?

Entsprechend steht das *present simple* auch, wenn eine Folge von Handlungen aufgezählt oder reportagemäßig berichtet wird:

She goes to the door, opens it, then slams it loudly.	Sie geht zur Tür, öffnet sie und knallt sie dann laut zu.
Cox passes the ball to Ives, and Ives scores!!!	Cox gibt ab an Ives, und Ives macht das Tor!!!

Auch in Konstruktionen wie den folgenden steht typischerweise das *present simple*:

Here comes my train. There goes my bus.	Da kommt mein Zug. Da fährt mein Bus.

Mit Hilfe des *present simple* werden auch Aussagen gemacht, die als allgemein bzw. zeitlos gültig angesehen werden:

The moon orbits the earth in 28 days.	Der Mond umkreist die Erde in 28 Tagen.
The Rhine rises in the Swiss Alps.	Der Rhein entspringt in den Schweizer Alpen.

Das „historische Präsens" als Mittel anschaulichen Erzählens gibt es im Englischen wie im Deutschen. Hier erzählt ein New Yorker *taxi driver*:

"This guy gets in and asks me to wait outside some apartment building. I tell him he has to leave me something as collateral. It's the rules. He says, "What do you want – my arm?" I say, "If you want to give me your arm, that's all right by me." So he takes off his arm and gives it to me. It's an artificial arm. And believe it or not, he never came back for it."

Da steigt dieser Typ ein und bittet mich, vor einem Wohnblock zu warten. Ich sage, er muss mir was als Sicherheit hinterlassen. Das ist Vorschrift. Er sagt, „Was wollen Sie – meinen Arm?" Ich sage, „Wenn Sie mir Ihren Arm geben wollen, mir ist es recht." Er nimmt also seinen Arm ab und gibt ihn mir. Es ist ein künstlicher Arm. Und ob Sie's glauben oder nicht – er hat ihn nie abgeholt.

Beachten Sie den stark vom Deutschen abweichenden Gebrauch des *present simple* in folgendem Fall:

I wish I had a dress like that.	Ich **wünschte**, ich hätte so ein Kleid.
I wish I had kept my mouth shut.	Ich **wünschte**, ich hätte den Mund gehalten.

Das *present simple* kann auch zum Ausdruck einer fest für die Zukunft vorgesehenen Handlung gebraucht werden (► S. 102 f.):

She retires at the end of this year.	Sie geht Ende dieses Jahres in den Ruhestand.

In Fällen wie den folgenden (also nach Konjunktionen wie *when*, *as soon as*, *before* und *till/until*) hat das Verb trotz des Zukunftsbezuges die Zeitform des *present simple*:

I'll do it when I get back.	Ich mache es, wenn ich zurückkomme.
We'll call you as soon as we arrive.	Wir rufen Sie an, sobald wir ankommen.
Wait here till / until I call you.	Warte hier, bis ich dich rufe.

Present progressive tense

Das *present progressive* (= Verlaufsform des Präsens / Verlaufsform der Gegenwart) unterscheidet sich in Form und Bedeutung vom *present simple*:

Present simple: I work. = Ich arbeite (d. h. ich bin nicht arbeitslos nicht im Ruhestand usw.).
Present progressive: I am working. = Ich arbeite (d. h. ich bin gerade am Arbeiten, habe keine Zeit zum Spielen usw.).

Bildung des *present progressive*

Das *present progressive* wird aus *am* / *is* / *are* und der *-ing*-Form (► S. 121 ff.) des Verbs zusammengesetzt:

I am reading. They are building a new bridge.	Ich („bin am Lesen") lese. Sie bauen (gerade) eine neue Brücke.

Auch das Verb *be* (*am*, *is*, *are*) kann in die Verlaufsform gesetzt werden:

This possibility is being discussed.	Diese Möglichkeit wird (zurzeit) erörtert.

Grundsätzliches zum Gebrauch

Durch den Gebrauch der Verlaufsform betont man, dass man die Handlung als gerade ablaufend, vorübergehend, mitunter auch als Ausnahme zur Regel ansieht. Die Handlung hat begonnen, sie wird von begrenzter Dauer sein, sie ist noch nicht zu Ende.

Liz is trying to lose weight.	Liz versucht abzunehmen.
We're having such a good time here.	Wir haben hier so eine schöne Zeit.
I don't know what you're talking about.	Ich weiß nicht, wovon Sie reden.

In Sätzen wie den folgenden bezeichnet die Verlaufsform die „Rahmenhandlung", die durch eine mit dem *present simple* ausgedrückte „Kurzhandlung" unterbrochen wird:

Lucy and Tom are having breakfast when the phone rings.	Lucy und Tom frühstücken gerade, als das Telefon klingelt.

Wenn das Verb *be* (*am*, *is*, *are*) in die Verlaufsform gesetzt wird, drückt es nicht eine bloße Eigenschaft, sondern ein (gerade) praktiziertes Verhalten aus:

You're being childish again.	Du führst dich ja wieder wie ein Kind auf.
Aren't you being overly critical?	Sind Sie da nicht allzu kritisch?
I'm not being insulting, Mitch, I'm just being honest.	Ich bin nicht beleidigend, Mitch, ich bin einfach nur ehrlich.

Zum Gebrauch des *present progressive* für zukünftige Handlungen siehe S. 102.

Unterschied *present progressive – present simple*

Den wesentlichen Gebrauchsunterschied zwischen *present progressive* und *present simple* veranschaulichen die folgenden Beispielpaare:

(Aussage über das, was sie gerade macht:)

She's playing tennis.	Sie spielt (gerade) Tennis.

(Aussage über ihr Hobby / ihren Beruf:)

She plays tennis.	Sie spielt Tennis.

(Im Augenblick gerade:)

What are you doing here?	Was machen Sie denn hier?

(Beruflich:)

What do you do? – I'm a solicitor.	Was machen Sie beruflich? – Ich bin Rechtsanwalt.

(Zurzeit, vorübergehend:)

We're eating a lot of rice.	Wir essen (zurzeit) viel Reis.

(Teil der Lebensweise, immer:)

The Chinese eat a lot of rice.	Die Chinesen essen viel Reis.

In den folgenden Beispielen sind jeweils beide Formen möglich – je nachdem, ob der Sprecher mehr an einen gerade ablaufenden, zeitlich begrenzten Vorgang oder das bloße Feststellen einer Tatsache denkt. Auch schwingt in der progressiven Form mehr Gefühl mit, sie ist anschaulicher; die einfache Form dagegen wirkt sachlicher, unpersönlicher:

She's looking / She looks tired. We're living / We live in an age of technological miracles.	Sie sieht müde aus. Wir leben in einem Zeitalter technischer Wunder.

We're hoping / We hope it will be different ten years from now.	Wir hoffen, dass es in zehn Jahren anders sein wird.
I never know when you're being / when you're serious.	Ich weiß nie, wann du es ernst meinst.

Present progressive mit *always, forever* etc.

Das *present progressive* kann auch in Verbindung mit Adverbien wie *always* stehen. Mit dieser Konstruktion wird in der Regel nicht eine sachliche Aussage gemacht, sondern Verärgerung oder Kritik zum Ausdruck gebracht. Vergleichen Sie:

(Sachliche Aussage über eine Gewohnheit:)

I always leave the lights on when I go out.	Ich lasse immer die Lampen an, wenn ich weggehe.

(Kritik an einer schlechten Gewohnheit:)

Someone is always leaving the lights on.	Irgendjemand lässt immer die Lampen an.

Past simple und *past progressive*

Das *past tense* ist die Vergangenheitsform des Verbs, auch Präteritum oder Imperfekt genannt. Wie das *present tense* kann auch das *past tense* in der einfachen Form (*past simple*) und in der Verlaufsform (*past progressive*) gebraucht werden:

I worked in a library for a while.	Eine Zeit lang arbeitete ich in einer Bibliothek.
At that time I was working in a library.	Zu dieser Zeit arbeitete ich in einer Bibliothek.

Bildung des *past tense*

Das *past tense* wird bei **regelmäßigen Verben** durch Anhängen von *-ed* (manchmal nur *-d*) an den Infinitiv (= die Grundform) gebildet:

answer – answered, ask – asked, start – started, agree – agreed

Bei **unregelmäßigen Verben** wird das *past tense* nicht mit *-(e)d*, sondern auf andere Weise gebildet. Die Liste auf Seite 161 sagt Ihnen, welche Verben unregelmäßig sind und wie die entsprechenden Formen lauten.

Aussprache der *-ed*-Endung

1. Bei den meisten Verben wird die *-ed*-Endung [d] gesprochen:

play – played, kill – killed, seem – seemed, order – ordered

2. Nach den Lauten [f], [k], [p], [s] und [ʃ] wird die Endung [t] gesprochen:

laugh – laughed, work – worked, develop – developed, pass – passed, push – pushed

3. Nach *d* und *t* wird die *-ed*-Endung [ɪd] gesprochen:

need – needed, intend – intended, act – acted, want – wanted

Besonderheiten der Schreibung

1. Stummes *-e* am Wortende entfällt:

describe – described, guide – guided, like – liked, combine – combined, escape – escaped, raise – raised, vote – voted

2. An Verben auf *-ee* und auf *-ie* wird *-d* angehängt:

agree – agreed, decree – decreed, guarantee – guaranteed, free – freed; die – died, lie – lied

3. *-y* am Wortende wird zu *-i-*, wenn dem *-y* nicht ein *a*, *e* oder *o* vorausgeht:

study – studied, satisfy – satisfied, apply – applied, accompany – accompanied, occupy – occupied, cry – cried, marry – married

Entsprechend der Regel also keine Umwandlung zu *-i-* bei:
stay – stayed, survey – surveyed, destroy – destroyed

4. Die Endbuchstaben *-b*, *-d*, *-g*, *-m*, *-n*, *-p*, *-r*, *-t*, *-v*, *-z* werden nach kurzem, betontem *a*, *e*, *i*, *o*, *u* meistens verdoppelt:

stab – stabbed, beg – begged, slam – slammed, plan – planned, stop – stopped, occur – occurred, spot – spotted, quiz – quizzed

Entsprechend der Regel also keine Verdopplung bei:
visit – visited, gossip – gossiped, develop – developed

5. Verdopplung von *-l* im BE, aber nicht im AE:

travel – *BE* travelled / *AE* traveled
cancel – *BE* cancelled / *AE* canceled
dial – *BE* dialled / *AE* dialed

Gebrauch des *past tense* mit Bezug auf die Vergangenheit

Vergangene Geschehnisse werden normalerweise im *past tense* berichtet (beachten Sie aber das Stilmittel des „historischen Präsens“ (► S. 76); eine Zeitbestimmung der Vergangenheit ist meist nicht ausdrücklich genannt, sondern impliziert:

There was an old farmer who married a young wife.	Es war einmal ein alter Bauer, der heiratete eine junge Frau.
Shakespeare spent much of his life in London.	Shakespeare verbrachte einen großen Teil seines Lebens in London.
Who invented the computer?	Wer hat den Computer erfunden?
At the hospital they X-rayed my shoulder.	Im Krankenhaus haben sie meine Schulter geröntgt.

Beachten Sie besonders:

In Verbindung mit Zeitbestimmungen der Vergangenheit (*yesterday, last week*, *three days ago* etc.) kann im Englischen **nicht** – wie im Deutschen – das *present perfect* (z. B. *have seen* = habe gesehen) stehen; in der Regel ist der Gebrauch des ***past tense*** (z. B. *saw*) zwingend:

She left yesterday.	Sie ist gestern abgereist.
We met twice last week.	Wir haben uns vorige Woche zweimal getroffen.
I last saw him three days ago.	Ich habe ihn vor drei Tagen das letzte Mal gesehen.

Auch wenn man fragt, **wann** etwas in der Vergangenheit geschah, gebraucht man das *past tense*, nicht das *present perfect*:

When did you write this?	Wann haben Sie das geschrieben?
What time did they arrive?	Um welche Zeit sind sie angekommen?

Ebenso muss das *past tense* stehen, wenn eine Handlung **gedanklich** einem bestimmten Zeitpunkt der Vergangenheit zugeordnet wird (vgl. S. 89). Im Folgenden stehen die **gedachten** Zeitbestimmungen in Klammern:

That car cost me twenty thousand dollars (when I bought it).	Das Auto hat mich zwanzigtausend Dollar gekostet.
Did you get home all right (last night)?	Bist du gut nach Hause gekommen?
What did the doctor say (when you were there)?	Was hat der Arzt gesagt?

Past tense bezieht sich auf Gegenwart oder Zukunft

Nach *it's time*:

It's (high) time we got up.	Es wird (höchste) Zeit, dass wir aufstehen.
It's about time I was getting home.	Es wird langsam Zeit, dass ich nach Hause komme.

Nach *I wish* und *I'd rather*:

I wish I had someone to talk to.	Ich wünschte, ich hätte jemand, mit dem ich reden kann.
I'd rather you went by train.	Es wäre mir lieber, wenn du mit dem Zug fährst / führest.

Nach *I'd rather* ist auch das *present tense* möglich – nämlich dann, wenn das auf *I'd rather* folgende Verb kein eigenes Subjekt hat:

I'd rather go by train.	Ich würde lieber mit dem Zug fahren.

Zum Gebrauch des *past tense* in Bedingungssätzen ► S. 104 ff.
Zum Gebrauch des *past tense* in der indirekten Rede ► S. 108 ff.

Bildung und Gebrauch des *past progressive*

Das *past progressive* (also die Verlaufsform der Vergangenheit) wird aus *was / were* und der *-ing*-Form des Verbs zusammengesetzt:

It was snowing. Were you dreaming?	Es („war am Schneien") schneite. („Warst du am Träumen?") Hast du (da gerade) geträumt?

Auch das *past tense* von *be* (*was*, *were*) kann in die Verlaufsform gesetzt werden:

Sorry, I was just being silly.	Tut mir leid, ich war einfach nur albern.

Durch den Gebrauch des *past progressive* macht man deutlich, dass man an die Handlung als in der Vergangenheit gerade ablaufend, vorübergehend bzw. nicht vollendet denkt (vgl. das *present progressive*, S. 77 ff.). Grundunterschiede zwischen *past progressive* und *past simple* veranschaulichen die folgenden Beispielpaare:

1a. Handlung wurde nicht abgeschlossen:

I was reading an interesting book last night.	Ich las gestern Abend in einem interessanten Buch.

1b. Handlung wurde abgeschlossen:

I read [red] an interesting article last night.	Ich habe gestern Abend einen interessanten Artikel gelesen.

2a. Das Hören wird zeitlupenartig gedehnt:

I couldn't believe what I was hearing.	Ich konnte nicht glauben, was ich da hörte. / Ich traute meinen Ohren nicht.

2b. Das Hören wird sachlich festgestellt:

You won't believe what I heard about Emily.	Du wirst nicht glauben, was ich über Emily gehört habe.

3a. „Zeitlupenaufnahme" einer längeren Handlung, in die eine kürzere Handlung hineintrifft:

She was having breakfast when he phoned.	Als er anrief, frühstückte sie gerade.

3b. Aufzählung von Handlungen – einer nach der anderen; bei keiner wird „beschreibend verweilt":

She had breakfast, made a few phone calls, and then left for the office.	Sie frühstückte, führte ein paar Telefongespräche und fuhr dann ins Büro.

4a. Verhalten im Einzelfall:

He was extremely likeable, except when he was being pedantic.	Er war äußerst sympathisch, außer wenn er sich pedantisch aufführte.

4b. Charaktereigenschaft:

He was extremely pedantic and hardly anybody liked him.	Er war äußerst pedantisch und kaum jemand mochte ihn.

Besonders deutlich wird der Bedeutungsunterschied *past progressive – past simple* in folgendem Satzpaar:

When I came in they were leaving.	Als ich hereinkam, waren sie gerade im Aufbruch begriffen.
When I came in they left.	Als ich hereinkam, gingen sie (*vielleicht als Folge meines Hereinkommens!*).

Wie das *present progressive* (► S. 80) steht auch das *past progressive* in Verbindung mit Adverbien wie *always* zum Ausdruck ironischer Übertreibung, Verärgerung oder Kritik:

My father was always cracking jokes at my expense.	Mein Vater machte dauernd Witze auf meine Kosten.
She was always telling me I was too fat.	Sie sagte mir ständig, ich sei zu dick.

Present perfect simple und *present perfect progressive*

Dem englischen Begriff *present perfect (tense)* entspricht die deutsche Bezeichnung Perfekt. Im Deutschen kann diese Form mit *haben* oder mit *sein* gebildet werden, im Englischen nur mit *have*:

The countdown has started.	Der Count-down **hat begonnen.**
The old buildings have disappeared.	Die alten Gebäude **sind verschwunden.**

Bei *started* und *disappeared* handelt es sich hier um das *-ed*-Partizip des Verbs, das man im Deutschen auch Perfektpartizip, im Englischen *-ed participle* oder *past participle* nennt.
Dieses Partizip ist bei regelmäßigen Verben **immer** mit dem *past tense* (d.h. der Vergangenheitsform) identisch, bei unregelmäßigen dagegen nur **manchmal**: *buy* – ***bought*** – ***bought*** (identisch), aber *write* – ***wrote*** – ***written*** (nicht identisch). (Unregelmäßige Verben ► S. 161.)

Wie schon beim *present tense* (► S. 73 ff.) und *past tense* (► S. 80 ff.) unterscheiden wir auch beim *present perfect* zwei Formen – *simple* und *progressive*:

***Present perfect simple*:**

We have lived in this house for 15 years now.	Wir wohnen jetzt seit 15 Jahren in diesem Haus.

***Present perfect progressive*:**

We have been living in this house for 15 years now.	Wir wohnen jetzt seit 15 Jahren in diesem Haus.

Form und Gebrauch des *present perfect simple*

Sind sie unbetont, so werden die Vollformen *have*, *has* und *not* häufig durch die Kurzformen *-'ve*, *-'s* und *-n't* ersetzt; die Kurzformen signalisieren eine umgangssprachliche, ungezwungene Art des Sprechens oder Schreibens:

I've (= I have) never seen him before.	Ich habe ihn noch nie gesehen.
She's (= She has) brought up four children.	Sie hat vier Kinder großgezogen.
We haven't (= have not) spent the money yet.	Wir haben das Geld noch nicht ausgegeben
Our cat hasn't (= has not) come home for a week.	Unsere Katze ist seit einer Woche nicht nach Hause gekommen.

Beachten Sie, dass *-'s* auch die Kurzform von *is* sein kann:

Our cat's (= Our cat is) still missing.	Unsere Katze ist immer noch verschwunden.

Für das *present perfect simple* gibt es im Wesentlichen zwei Verwendungen:

1. Ausdruck von Handlungen, die bereits abgeschlossen sind;
2. Ausdruck von Handlungen, die aus der Vergangenheit in die Gegenwart reichen.

Zur Vermeidung von Fehlern müssen Englischlernende mit deutscher Muttersprache besonders Folgendes beachten:

1. Der Gebrauch des *present perfect* ist – anders als im Deutschen – ausgeschlossen, wenn die Handlung durch eine Zeitbestimmung der Vergangenheit „datiert" ist:

Ohne Zeitbestimmung der Vergangenheit:

They have arrived. They have just arrived.	Sie sind angekommen. Sie sind gerade angekommen.

Mit Zeitbestimmung der Vergangenheit:

They arrived five minutes ago.	Sie sind vor fünf Minuten angekommen.

2. Anders als im Deutschen steht das *present perfect*, wenn das Andauern einer Handlung aus der Vergangenheit in die Gegenwart ausgedrückt werden soll:

Der **gegenwärtige Zustand** wird ausgedrückt:

They are married (now).	Sie sind (jetzt) verheiratet.

Das **Andauern aus der Vergangenheit in die Gegenwart** wird ausgedrückt:

They have been married five years (now).	Sie sind (jetzt) fünf Jahre verheiratet.

Present perfect für abgeschlossene Handlungen

Es wird ausgedrückt, **dass** eine Handlung in der Vergangenheit stattgefunden hat, aber nicht **wann**:

Oh hell, I've missed my train!	Verdammt nochmal, ich habe meinen Zug verpasst!
They've lost all their money.	Sie haben ihr ganzes Geld verloren.
The company has just brought out a new model.	Die Firma hat gerade ein neues Modell herausgebracht.
The police have already arrested a suspect.	Die Polizei hat bereits einen Tatverdächtigen verhaftet.
Have you ever been to Australia?	Sind Sie schon mal in Australien gewesen?

Ist dagegen die Handlung durch eine Zeitbestimmung der Vergangenheit „datiert", so ist der Gebrauch des *present perfect* ausgeschlossen:

I missed my train this morning.	Ich habe heute Morgen meinen Zug verpasst.
The police arrested a suspect yesterday.	Die Polizei hat gestern einen Tatverdächtigen verhaftet.

Ist die Handlung durch eine **gedachte** Zeitbestimmung der Vergangenheit „datiert", so ist der Gebrauch des *present perfect* ebenfalls ausgeschlossen (vgl. S. 83). In den folgenden Beispielen ist die gedachte Zeitbestimmung in Klammern hinzugefügt:

Why didn't you call the police (when you discovered the theft)?	Warum haben Sie nicht die Polizei gerufen?
Did you talk to Brian (when you were at the club)?	Hast du mit Brian gesprochen?

Auch die Tatsache, dass eine Person nicht mehr lebt oder eine Institution nicht mehr existiert, die damit verknüpfte Handlung also unwiederholbar der Vergangenheit angehört, schließt den Gebrauch des *present perfect* aus. Vergleichen Sie:

1a. Über einen noch Lebenden:

He's never let me down in 24 years of marriage.	In 24 Jahren Ehe hat er mich nie enttäuscht.

1b. Über einen nicht mehr Lebenden:

He never let me down in 24 years of marriage.	In 24 Jahren Ehe hat er mich nie enttäuscht.

2a. England existiert noch:

England has produced many great poets.	England hat viele große Dichter hervorgebracht.

2b. Das alte Rom existiert nicht mehr:

Ancient Rome produced many great poets.	Das alte Rom hat viele große Dichter hervorgebracht.

In Verbindung mit den Adverbien *just*, *ever*, *never*, *yet*, *already* kann das Verb bei gleicher Bedeutung im *present perfect* oder im *past* stehen; die Konstruktion mit dem *past tense* findet sich überwiegend im amerikanischen Englisch. Beispiele:

She (has) just left.	Sie ist gerade gegangen.
That's the saddest story I('ve) ever heard.	Das ist die traurigste Geschichte, die ich je gehört habe.
I('ve) never told anyone.	Ich habe es nie jemandem erzählt.
Has she left yet? / Did she leave yet?	Ist sie schon gegangen?
She('s) already told me.	Sie hat es mir schon erzählt.

Present perfect für sich aus der Vergangenheit in die Gegenwart erstreckende Handlungen

Mit dem *present perfect tense* werden Handlungen, Gewohnheiten, Zustände usw. ausgedrückt, die in der Vergangenheit begannen und bis zur Gegenwart angedauert haben bzw. noch über die Gegenwart hinaus andauern.
Machen Sie nicht den Fehler, hier – wie häufig im Deutschen – die Gegenwartsform (also z. B. *are* statt *have been*) zu gebrauchen.

I've lived in New York for years.	Ich lebe (schon) seit Jahren in New York.
She's been dead a long time.	Sie ist schon lange tot.
We've only been here for an hour.	Wir sind doch erst seit einer Stunde hier.
Have you known him long?	Kennen Sie ihn schon lange?
How long have I been asleep?	Wie lange habe ich geschlafen?

„Seit" = *since* oder *for*?

Since bezeichnet den Anfangs**punkt** der Handlung,
for den Zeit**raum** ihrer bisherigen Dauer:

The building has been a hotel since 1985.	Seit 1985 ist das Gebäude ein Hotel.
The building has been a hotel for over 20 years.	Seit über 20 Jahren ist das Gebäude ein Hotel.

Form und Gebrauch des *present perfect progressive*

Das *present perfect progressive* wird aus *have/has + been + -ing*-Form gebildet:

I have / I've been looking for you for half an hour.	Ich suche dich schon seit einer halben Stunde.
Grandma hasn't been sleeping too well lately.	Oma hat in letzter Zeit nicht allzu gut geschlafen.

In der Regel gebraucht man das *present perfect progressive* für Handlungen, die in der Vergangenheit begannen und in der Gegenwart noch andauern:

It's (= It has) been raining for days.	Es regnet nun schon seit Tagen.
Hurricanes have been getting more frequent in the last ten years.	Hurrikane sind in den letzten zehn Jahren häufiger geworden.

Mitunter sind Verlaufsform und einfache Form bei nahezu gleicher Bedeutung austauschbar; die Wahl der Form ist dann eine Frage der Betrachtungsweise (► 79 f.):
Die **Verlaufsform** hat mehr beschreibenden Charakter; sie betont Ablauf, Vorläufigkeit, Nichtabgeschlossenheit.
Die **einfache Form** ist weniger anschaulich; sie registriert die Tatsache, dass die Handlung stattgefunden hat.
Beispiele (die häufigere Variante steht jeweils zuerst):

How long have you lived / have you been living here?	Wie lange wohnen Sie schon hier?
She has worked / has been working for our company for 15 years.	Sie arbeitet seit 15 Jahren bei unserer Firma.
I've been wanting / I've wanted to do this for a long time.	Ich wollte das schon lange tun.

In den folgenden Beispielen sind Verlaufsform und einfache Form in der Bedeutung klar unterschieden, und eine bestimmte Aussage kann nur mit der einen oder anderen Form gemacht werden:

Verlaufsform: Die Handlung – oder Kette von Handlungen – begann in der Vergangenheit und dauert in der Gegenwart noch an, ist also nicht abgeschlossen. („Vorgang bis jetzt")
Einfache Form: Die Handlung hat zu einem unbestimmten Zeitpunkt in der Vergangenheit stattgefunden und ist abgeschlossen. („Resultat")

I've been reading the paper.	Ich war gerade am Zeitunglesen.
I've read [red] the paper.	Die Zeitung habe ich gelesen.

The book has been selling extremely well. We've sold 20,000 copies so far.	Das Buch hat sich (bisher) extrem gut verkauft. Wir haben bisher 20 000 Exemplare verkauft.
(*Traffic cop:*) Have you been drinking? Have you drunk your milk?	(*Verkehrspolizist:*) Haben Sie (Alkohol) getrunken? Hast du deine Milch getrunken?

Past perfect simple und *past perfect progressive*

Dem englischen Begriff *past perfect (tense)* entspricht die deutsche Bezeichnung Plusquamperfekt.
Im Deutschen kann diese Form mit *haben* oder mit *sein* gebildet werden, im Englischen nur mit *have*:

They had planned it carefully. We had arrived rather late.	Sie **hatten** es sorgfältig **geplant**. Wir **waren** ziemlich spät **angekommen**.

Bei *planned* und *arrived* handelt es sich hier um das *-ed*-Partizip des Verbs, das man im Deutschen auch Perfektpartizip, im Englischen *-ed participle* oder *past participle* nennt.
Dieses Partizip ist bei regelmäßigen Verben **immer** mit dem *past tense* (d. h. der Vergangenheitsform) identisch, bei unregelmäßigen dagegen nur **manchmal**: *catch* – ***caught*** – ***caught*** (identisch), aber *take* – ***took*** – ***taken*** (nicht identisch). (Unregelmäßige Verben ► S. 161)

Wie bei anderen Zeiten unterscheiden wir auch beim *past perfect tense* zwei Aspekte: *simple* und *progressive*:

Past perfect simple:

She had never listened to what he had to say.	Sie hatte noch nie auf das gehört, was er zu sagen hatte.

Past perfect progressive:

She had obviously not been listening.	Sie hatte offensichtlich nicht zugehört.

Form und Gebrauch des *past perfect simple*

Sind sie unbetont, so werden die Vollformen *had* und *not* häufig durch die Kurzformen *-'d* und *-n't* ersetzt; die Kurzformen signalisieren eine umgangssprachliche, ungezwungene Art des Sprechens oder Schreibens:

She'd (= She had) fallen asleep while watching television.	Sie war beim Fernsehen eingeschlafen.
I hadn't (= had not) seen her since we moved away.	Ich hatte sie, seit wir weggezogen waren, nicht mehr gesehen.

Beachten Sie, dass *-'d* auch die Kurzform von *would* sein kann:

You'd (= You would) never do that, would you?	Das würdest du doch nie tun, oder?

Für das *past perfect simple* gibt es im Wesentlichen zwei Verwendungen:

1. Ausdruck von Handlungen, die bereits **vor** einem bestimmten Vergangenheitszeitpunkt abgeschlossen waren (Rückblick aus der Vergangenheit in die Vorvergangenheit);
2. Ausdruck von Handlungen, die aus der Vorvergangenheit an einen bestimmten Vergangenheitszeitpunkt heranreichen, also zu der bezeichneten Zeit in der Vergangenheit noch andauerten.

Past perfect für in der Vorvergangenheit abgeschlossene Handlungen

Typischerweise findet das *past perfect (simple!)* Verwendung, wenn in einem im *past tense* gehaltenen Text (Erzählung, Bericht etc.) auf Dinge zurückgeschaut wird, die **vor der Erzählebene Vergangenheit**, also in der **Vorvergangenheit**, stattgefunden haben.
Im folgenden Abschnitt markiert das (unterstrichene) Verb des ersten Satzes die Erzählebene; die (**rot gedruckten**) Verben der Folgesätze beschreiben Dinge, die vor der Erzählebene liegen:

They reached Bridgewater late. There had been heavy traffic. They had dropped Linda off at her apartment in Greenville. Bob had said goodnight and had gone off on a date.	Sie erreichten Bridgewater spät. Es war starker Verkehr gewesen. Linda hatten sie an ihrer Wohnung in Greenville abgesetzt. Bob hatte sich verabschiedet und war zu einer Verabredung gegangen.

In den nächsten Beispielen erscheinen *past tense* (= Erzählebene Vergangenheit) und *past perfect tense* (= Zeit vor der Erzählebene – Vergangenheit vor der Vergangenheit) jeweils im selben Satz:

I could see that I had made a mistake.	Mir war klar, dass ich einen Fehler gemacht hatte.
He was wearing a tie she had given him.	Er trug eine Krawatte, die sie ihm geschenkt hatte.
They had just gone to bed when the phone rang.	Sie waren gerade zu Bett gegangen, als das Telefon läutete.
The hotel we stayed in had once been a palace.	Das Hotel, in dem wir wohnten, war früher einmal ein Palast gewesen.

Ist ein Missverstehen der zeitlichen Beziehungen ausgeschlossen, so wird statt des *past perfect* auch häufig das *past tense* gebraucht:

Her answer came by fax about an hour after she (had) left.	Ihre Antwort kam per Fax etwa eine Stunde, nachdem sie gegangen war.

Past perfect für aus der Vorvergangenheit in die Vergangenheit reichende Handlungen

Mit dem *past perfect tense* werden auch Handlungen, Gewohnheiten, Zustände usw. ausgedrückt, die in der „Vergangenheit vor der Vergangenheit" begannen und bis zur Vergangenheit (Erzählebene) angedauert haben bzw. noch über diesen Vergangenheitszeitpunkt hinaus andauern.

Ausschließlich in dieser Verwendung findet sich das *past perfect **progressive*** – es lässt also den oben beschriebenen Gebrauch für abgeschlossene Handlungen nicht zu.

Beispiele für den Gebrauch des *past perfect progressive*:

Gray, who had been fouling persistently, was booked by the referee.	Gray, der ständig gefoult hatte, wurde vom Schiedsrichter verwarnt.
I had been waiting for about 40 minutes, when I felt this gentle tap on my shoulder.	Ich hatte etwa 40 Minuten gewartet, als jemand mir sanft auf die Schulter klopfte.

Beispiele für den Gebrauch des *past perfect simple*:

When they got married, they had known each other barely a month.	Als sie heirateten, kannten sie sich kaum einen Monat.
By the time she retired, she had worked for the company 37 years.	Zum Zeitpunkt ihrer Pensionierung hatte sie 37 Jahre bei der Firma gearbeitet.
Right up to the day of the wedding she had been plagued with doubts.	Bis hin zum Tag der Hochzeit war sie von Zweifeln geplagt gewesen.

Nur selten sind *past perfect simple* und *past perfect progressive* in dem gleichen Kontext denkbar – wie im folgenden Beispiel:

It was the chance he had been waiting / he had waited for all his life.	Es war die Chance, auf die er sein ganzes Leben lang gewartet hatte.

Sonstige Verwendungen des *past perfect*

Nach *I wish*, *I'd rather*, *if only* und *as if* hat das *past perfect* den Charakter eines Konjunktivs:

I wish you hadn't done that.	Ich wünschte, du hättest das nicht getan.

I'd rather you hadn't told her.	Es wäre mir lieber gewesen, du hättest es ihr nicht gesagt.
If only you had listened to me!	Wenn du doch nur auf mich gehört hättest!
He smiled as if I had said something funny.	Er lächelte, als ob ich etwas Komisches gesagt hätte.

Zum Gebrauch des *past perfect* in Bedingungssätzen ► S. 104, 107.
Zum Gebrauch des *past perfect* in der indirekten Rede ► S. 108 ff.

Möglichkeiten zum Ausdruck der Zukunft (Futur)

Anders als z. B. im Französischen (*je **verrai** = ich **werde sehen***) haben die Verben im Englischen kein *future tense* (= Futur), d. h. eine besondere Zeitform um auszudrücken, dass eine Handlung in der Zukunft stattfinden wird.
Anstelle einer ausgesprochenen Futurform gibt es im Englischen eine Reihe von Konstruktionen, mit deren Hilfe die Zukünftigkeit einer Handlung deutlich gemacht werden kann:

1. *will:*	I will see	her tomorrow.
2. *will be -ing:*	I will be seeing	her tomorrow.
3. *be going to:*	I am going to see	her tomorrow.
4. *be going to be -ing:*	I am going to be seeing	her tomorrow.
5. *present progressive:*	I am seeing	her tomorrow.
6. *present simple:*	I see	her tomorrow.

Alle sechs Varianten des Satzes lassen sich in diesem Fall übersetzen mit *Ich werde sie morgen sehen.* bzw. *Ich sehe sie morgen.*

Im Folgenden werden wir sehen, dass die sechs Ausdrucksformen keineswegs beliebig verwendet werden – dass vielmehr jede von ihnen bestimmte „Untertöne" hat, man also je nach Sprechabsicht die eine oder die andere Möglichkeit bevorzugen wird.

Zukunft ausgedrückt durch *will*

Will + Infinitiv (z. B. *will go*) ist die von den Gebrauchsmöglichkeiten her universalste, bedeutungsmäßig neutralste und am häufigsten gebrauchte Zukunftsform:

Eddie will be six weeks old on Monday.	Eddie wird am Montag sechs Wochen alt.
I don't think there will ever be peace in this part of the world.	Ich glaube nicht, dass es in diesem Teil der Welt je Frieden geben wird.
How much will I have to pay?	Wie viel werde ich zahlen müssen?

In unbetonter Stellung (besonders nach Pronomen) wird *will* umgangssprachlich durch die Kurzform *'ll* ersetzt:

By the time we get home it'll be dark.	Bis wir nach Hause kommen, wird es dunkel sein.
You'll stay the night, won't you?	Du bleibst doch über Nacht, oder?

Will not wird zu *won't* verkürzt:

That won't work.	Das wird nicht funktionieren.
I won't do it again.	Ich werde es nicht wieder tun.

Das *will*-Futur dient unter anderem zum Ausdruck eines spontanen Entschlusses:

Wait, I'll get a cloth.	Warte, ich hole einen Lappen.

Auch bei Ungewissheit über das Eintreten der Handlung steht *will*:

I guess I'll always love him.	Ich werde ihn wohl immer lieben.
If you do that again, I'll call the police.	Wenn Sie das noch einmal tun, rufe ich die Polizei.

Mitunter „genügt“ im Deutschen ein Präsens, während im Englischen – genauer – eine Futurform steht:

Maybe things will look brighter tomorrow.	Vielleicht sieht morgen alles schon wieder rosiger aus.
Mike will run you home.	Mike fährt dich nach Hause.
When will you be home?	Wann bist du wieder zu Hause?

Shall als Zukunftsform

Gelegentlich wird Ihnen *shall* (► S. 144) als Zukunftsform begegnen. Es ist förmlicher und wesentlich seltener als *will*, kann nur nach *I* oder *we* gebraucht werden und ist stets durch *will* bzw. *'ll* ersetzbar:

I shall keep my personal feelings to myself.	Ich werde meine persönlichen Gefühle für mich behalten.
We shall never surrender.	Wir werden niemals kapitulieren.

Zukunft ausgedrückt durch *will be -ing*

Mit der Konstruktion *will be -ing* kann man „Verlauf in der Zukunft“ ausdrücken („wird dabei sein, etwas zu tun“):

At this time tomorrow we'll be having tea at Fortnum & Mason.	Morgen um diese Zeit werden wir bei Fortnum & Mason Tee trinken.

Häufiger als „Verlauf in der Zukunft“ drückt *will be -ing* aber aus, dass die Handlung für die Zukunft **vorgesehen**, **geplant** ist:

The city of Killeen will be getting a new hotel.	Die Stadt Killeen wird ein neues Hotel bekommen.
We'll be staying at the King's Hotel as usual.	Wir werden wie immer im King's Hotel wohnen.
Mrs Dean won't be coming in today.	Frau Dean kommt heute nicht ins Büro.

Fragen nach künftigen Handlungen anderer werden durch den Gebrauch der Futurvariante *will be -ing* weniger direkt und damit höflicher, taktvoller:

About what time d'you think you'll be arriving?	Was meinen Sie, um welche Zeit Sie etwa ankommen werden?
Where will you be staying in Paris, sir?	Wo werden Sie in Paris wohnen, Sir?
Won't you be needing a taxi?	Werden Sie kein Taxi benötigen?

Zukunft ausgedrückt durch *be going to*

Der Gebrauch von *am / is / are going to* signalisiert **Absicht** und **Entschlossenheit**:

I'm going to run for President, and I'm going to win.	Ich werde für das Präsidentenamt kandidieren, und ich werde gewinnen.
We are not going to take this lying down.	Wir werden uns das nicht gefallen lassen.

In direkten oder indirekten Fragesätzen kann *am / is / are going to* nach **Absicht** bzw. **Entschlossenheit** fragen, es kann aber auch ganz **allgemein** erfragen, was wohl in Zukunft geschehen wird:

Are you going to give me the key or not?	Gibst du mir nun den Schlüssel oder nicht?
What's going to happen to the animals?	Was wird mit den Tieren geschehen?
I hope there's going to be enough room.	Ich hoffe, dass genug Platz vorhanden sein wird.

Mit *was / were going to* kann ausgedrückt werden, dass eine beabsichtigte Handlung nicht zur Ausführung kam oder kommt:

He was going to say something but thought better of it.	Er wollte etwas sagen, tat es dann aber doch nicht.

We were going to have a picnic but I don't know if that's still on.	Wir wollten ein Picknick machen, aber ich weiß nicht, ob das noch vorgesehen ist.

Häufig drückt *am / is / are going to* auch die **Erwartung**, ja **Gewissheit** aus, dass etwas geschehen wird:

We're going to be very busy for the next day or two.	Wir werden in den nächsten Tagen sehr viel zu tun haben.
I am going to have to start looking for work.	Ich werde anfangen müssen, mich nach Arbeit umzusehen.
Paula is going to have a baby.	Paula erwartet ein Kind.

Im *if*-Satz von Bedingungssätzen entspricht *be going to* häufig dem deutschen *wollen / vorhaben*:

If you're going to tell me that suffering builds character, I can only laugh.	Wenn du mir erzählen willst, dass Leiden den Charakter stärkt, kann ich nur lachen.

Zukunft ausgedrückt durch *be going to be -ing*

Diese Zukunftsform ist weitgehend bedeutungsgleich mit der Verlaufsform der Zukunft (*will be -ing* ► S. 99), wirkt aber umgangssprachlicher und drückt neben dem Geplantsein der Handlung auch ein höheres Maß an Gewissheit aus:

We're not going to be spending a lot of time there.	Wir werden dort nicht viel Zeit zubringen.
I'm going to be working most of the night.	Ich werde den größten Teil der Nacht über arbeiten.
Who is going to be making the decisions in future?	Wer wird in Zukunft die Entscheidungen treffen?

Zukunft ausgedrückt durch das *present progressive*

Mit dem *present progressive* drückt man aus, dass eine Handlung für die Zukunft **geplant** ist:

I'm meeting Pat at seven.	Ich treffe Pat um sieben.
My daughter's getting married in January.	Meine Tochter heiratet im Januar.
What are you doing on Saturday?	Was macht ihr am Samstag?

Während *be going to* (► S. 100 f.) Absicht oder Gewissheit betont, drückt das *present progressive* aus, dass die Handlung aufgrund einer in der Gegenwart bereits bestehenden Regelung stattfinden wird:

„Das ist so vorgesehen":

I'm visiting my grandparents next week.	Ich besuche nächste Woche meine Großeltern.

„Ich habe jetzt die Absicht":

I'm going to visit my grandparents next week.	Ich habe vor, nächste Woche meine Großeltern zu besuchen.

Der Zukunftsbezug des *present progressive* wird in der Regel durch eine Zeitbestimmung der Zukunft (*at seven, in a few minutes* etc.) deutlich gemacht:

We're watching football tonight.	Wir sehen heute Abend Fußball.

Auch ein auf die Zukunft bezogenes Fragewort macht den Zukunftsbezug deutlich:

What time are you leaving?	Um welche Zeit fahrt ihr ab?

Zukunft ausgedrückt durch das *present simple*

Häufig ist der Gebrauch dieser Zukunftsform in **Nebensätzen**, selten dagegen in **Hauptsätzen**:

Present simple mit Zukunftsbezug im **Nebensatz**:

I'll phone you as soon as I arrive.	Sobald ich ankomme, rufe ich dich an.

Present simple mit Zukunftsbezug im **Hauptsatz**:

Our ship sails tomorrow.	Unser Schiff läuft morgen aus.

In Hauptsätzen steht das *present simple* typischerweise für Handlungen, die aufgrund eines Fahrplans, eines festen Programms, einer getroffenen Vereinbarung oder einer offiziellen Regelung eintreten werden; der Zukunftsbezug wird in der Regel durch eine Zeitbestimmung der Zukunft oder einen auf die Zukunft weisenden Frageausdruck deutlich gemacht:

He goes off duty at 11 p.m.	Sein Dienst endet um 23 Uhr.
What time does your train leave?	Um wie viel Uhr geht dein Zug?

In Nebensätzen steht das *present simple* mit Bezug auf die Zukunft besonders nach *if* (► S. 104 ff.), *when*, *as soon as*, *before*, *till*, *until* oder *by the time* – ein Sprachgebrauch, der weitgehend dem Deutschen entspricht:

If he goes on working like that, he'll be dead at forty.	Wenn er so weiterarbeitet, ist er mit vierzig tot.
A few heads will roll when this becomes known.	Wenn das bekannt wird, werden ein paar Köpfe rollen.
She'll leave as soon as she gets her visa.	Sie wird abreisen, sobald sie ihr Visum hat.

Das *future perfect*

Mit dem *future perfect* kann man ausdrücken, dass eine Handlung bis zu einem bestimmten Zeitpunkt in der Zukunft gedauert haben wird:

By 10 a.m. most of the guests will have left.	Bis 22 Uhr werden die meisten Gäste gegangen sein.

Weiter kann man mit dem *future perfect* eine Vermutung im Hinblick auf ein vergangenes Geschehnis formulieren:

Most of you will have heard about this.	Die meisten von Ihnen werden davon gehört haben.

Bedingungsformen und Bedingungssätze (Konditional)

Für das Verständnis der Bedingungssätze ist es hilfreich, wenn man zunächst drei Grundtypen unterscheidet:

Typ 1: *if*-Satz *present tense* – Hauptsatz *will* + Infinitiv

If I miss the bus, I will take a taxi.	Wenn ich den Bus verpasse, nehme ich ein Taxi.

Typ 2: *if*-Satz *past tense* – Hauptsatz *would* + Infinitiv

If I missed the bus, I would take a taxi.	Wenn ich den Bus verpasste, würde ich ein Taxi nehmen.

Typ 3: *if*-Satz *had* + *-ed*-Partizip – Hauptsatz *would have* + *-ed*-Partizip

If I had missed the bus, I would have taken a taxi.	Wenn ich den Bus verpasst hätte, hätte ich ein Taxi genommen.

Beim Sprechen gebraucht man oft die Kurzformen:

If I miss the bus, I'll take a taxi.
If I missed the bus, I'd take a taxi.
If I'd missed the bus, I'd have taken / I would've taken a taxi.

Der Logik der Aussage entsprechend werden die Typen auch miteinander vermischt gebraucht:

If I had missed the bus (*Typ 3*), I wouldn't be here now (*Typ 2*).	Wenn ich den Bus verpasst hätte, dann wäre ich jetzt nicht hier.

In den vorstehenden Beispielen ist der *if*-Satz jeweils vorangestellt. Er kann aber – wie im Deutschen – genauso gut auf den Hauptsatz folgen. Beachten Sie, dass vor dem nachgestellten *if*-Satz kein Komma steht:

I would have been surprised if I had seen him there.	Ich wäre überrascht gewesen, wenn ich ihn dort gesehen hätte.

Statt *will / would* steht im Hauptsatz häufig ein Modalverb wie *can / could*, *may / might*, *must* oder *should*:

If we miss the bus, we can take a taxi.	Wenn wir den Bus verpassen, können wir ein Taxi nehmen.
If you miss the bus, you must take a taxi.	Wenn du den Bus verpasst, musst du ein Taxi nehmen.
I could have stayed if I had wanted to.	Ich hätte bleiben können, wenn ich es gewollt hätte.

Bedingungssätze Typ 1

Bei dieser Art von Bedingungssatz wird die Bedingung als erfüllbar angesehen: Wenn (jetzt oder in Zukunft) eine bestimmte Voraussetzung gegeben ist, dann wird / kann / muss / sollte / könnte dieses oder jenes die Folge sein:

You will save a lot if you assemble it yourself.	Du sparst eine Menge, wenn du es selbst zusammenbaust.
If you can't stand the heat, you should keep out of the kitchen.	Wenn man die Hitze nicht vertragen kann, sollte man nicht in die Küche gehen.

Die bisherigen Beispiele vom Typ 1 hatten im Hauptsatz *will* oder ein Modalverb wie *can*, *must* oder *should*. Es kann im Hauptsatz aber – wie im *if*-Satz – auch das *present tense* stehen:

You save £26 if you buy a return.	Sie sparen 26 Pfund, wenn Sie eine Rückfahrkarte kaufen.

Sehr häufig ist auch die Kombination eines *if*-Satzes mit dem Imperativ:

If you wish to leave a message, please wait for the beeping sound.	Wenn Sie eine Nachricht hinterlassen möchten, warten Sie bitte auf den Piepton.

Bedingungssätze Typ 2

Bedingungssätze vom Typ 2 können sich entweder auf die Gegenwart oder auf die Zukunft beziehen.
Beziehen sie sich auf die **Gegenwart**, so ist die **Bedingung unerfüllbar**:

If I was a chicken, I would lay an egg every day.	Wenn ich ein Huhn wäre, würde ich jeden Tag ein Ei legen.
If all fools wore white caps, we'd all look like geese.	Wenn alle Dummköpfe weiße Mützen trügen, würden wir alle wie Gänse aussehen.
I wouldn't worry too much if I were you.	Ich würde mir keine allzu großen Sorgen machen, wenn ich du wäre.

Beziehen sie sich auf die **Zukunft**, so wird die **Bedingung** als **grundsätzlich erfüllbar** angesehen:

It would be cheaper if we went by car.	Es wäre billiger, wenn wir mit dem Auto führen.
If I did that, they'd fire me.	Wenn ich das täte, würden sie mich feuern.
If he said that, he'd be lying.	Wenn er das sagte, würde er lügen.

Mitunter findet sich im *if*-Satz nach *I* / *he* / *she* / *it* und entsprechenden Nomen noch der Konjunktiv *were* statt des ebenfalls möglichen Indikativs *was*:

If I were ten years younger, I'd put up a fight.	Wenn ich zehn Jahre jünger wäre, würde ich mich wehren.
If Sophie were here, the situation would be different.	Wenn Sophie hier wäre, wäre die Lage anders.

If I were you hingegen ist eine feste Redensart, in der *was* als nicht korrekt empfunden würde:

If I were you, I'd carry on regardless.	Wenn ich du wäre, würde ich trotz allem weitermachen.

Bedingungssätze Typ 3

Bedingungssätze vom Typ 3 drücken eine Annahme in Bezug auf die Vergangenheit aus: Wäre in der Vergangenheit eine bestimmte Bedingung erfüllt worden (sie wurde aber nicht erfüllt!), dann wäre dieses oder jenes die Folge gewesen:

I would have helped if I had been there.	Ich hätte geholfen, wenn ich da gewesen wäre.
She would've taken it if it had been offered to her.	Sie hätte es genommen, wenn es ihr angeboten worden wäre.
If you hadn't hesitated, the damage would have been minimal.	Wenn du nicht gezögert hättest, wäre der Schaden minimal gewesen.
I would've been happier if you'd been there too.	Ich wäre glücklicher gewesen, wenn du auch da gewesen wärst.
You could have stopped her if you'd wanted (to).	Du hättest sie zurückhalten können, wenn du gewollt hättest.

Englische Entsprechungen für *hätte* und *wäre*

Im Hauptsatz:

she would have helped us	sie hätte uns geholfen
it would have been easier	es wäre leichter gewesen
he would have come	er wäre gekommen

Im *if*-Satz:

if she had helped us	wenn sie uns geholfen hätte
if it had been easier	wenn es leichter gewesen wäre
if he had come	wenn er gekommen wäre

Direkte und indirekte Rede

In der **direkten Rede** wird eine Äußerung genau so wiedergegeben, wie sie tatsächlich gemacht wurde:

Lucy said, "I am disappointed."	Lucy sagte: „Ich bin enttäuscht."

In der **indirekten Rede** dagegen formuliert man das vorstehende Beispiel so:

Lucy said she was disappointed.	Lucy sagte, sie sei enttäuscht.

Steht das einleitende Verb nicht im *past tense* (*said*), sondern im *present tense* (*says*), so findet die **Zeitverschiebung** von *am* nach *was* nicht statt:

Lucy says she is disappointed.	Lucy sagt, sie sei / ist enttäuscht.

Im Folgenden behandeln wir erst den schwierigeren Fall (indirekte Rede / Frage **mit Zeitverschiebung**) und dann den weniger schwierigen (indirekte Rede / Frage **ohne Zeitverschiebung**).

Indirekte Rede mit Zeitverschiebung

Steht die Einleitung zur indirekten Rede im *past tense* (z. B. *said*, *told*), so verschiebt sich die Zeitform des Verbs der direkten Rede um eine Stufe in die Vergangenheit: *am* ► *was*, *love* ► *loved*, *have* ► *had*, *will* ► *would*, *can't* ► *couldn't*, *doesn't* ► *didn't* etc.:

"I'm in love." She said (that) she was in love.	„Ich bin verliebt." Sie sagte, sie sei verliebt.
"I love you." He told me (that) he loved me.	„Ich liebe dich." Er sagte mir, dass er mich liebt / liebe.
"I've done my best." He assured me (that) he had done his best.	„Ich habe mein Bestes getan." Er versicherte mir, dass er sein Bestes getan habe.

"We will look into the matter." They wrote (that) they would look into the matter.	„Wir werden die Sache prüfen." Sie schrieben, dass sie die Sache prüfen würden.
"I can't pay." She informed us that she couldn't pay.	„Ich kann nicht zahlen." Sie teilte uns mit, dass sie nicht zahlen könne.
"My wife doesn't love me any more." He believed that his wife didn't love him any more.	„Meine Frau liebt mich nicht mehr." Er glaubte, dass seine Frau ihn nicht mehr lieb(t)e.

Die Modalverben *would*, *could*, *might*, *should*, *ought to* und *must* lassen sich nicht in die Vergangenheit verschieben:

"I wouldn't mind." She said she wouldn't mind.	„Ich hätte nichts dagegen." Sie sagte, sie habe nichts dagegen.
"You must leave at once" They told me I must leave at once.	„Sie müssen sofort abreisen." Man sagte mir, ich müsse sofort abreisen.

Nach der oben gegebenen Regel müsste ein *past tense* der direkten Rede immer zu einem *past perfect* der indirekten Rede werden; diese Zeitverschiebung wird aber gern unterlassen, wenn die zeitlichen Bezüge auch so unmissverständlich sind:

"I left the place at about 8.30 p.m." He said he (had) left the place at about 8.30 p.m.	„Ich verließ das Lokal gegen 20.30 Uhr." Er sagte, er habe das Lokal gegen 20.30 Uhr verlassen.

Indirekte Frage mit Zeitverschiebung

Bei der Umwandlung von direkten in indirekte Fragen finden die gleichen Zeitverschiebungen und sonstigen Veränderungen und Anpassungen statt wie bei den bereits behandelten Fällen der indirekten Rede:

Entscheidungsfrage:

"Do you live here?" She asked him if / whether he lived there.	„Wohnen Sie hier?" Sie fragte ihn, ob er dort wohne.
"Did you talk to Jack?" She wanted to know if I (had) talked to Jack.	„Hast du mit Jack gesprochen?" Sie wollte wissen, ob ich mit Jack gesprochen hätte.

Fragewortfrage:

"Where do you live?" She asked him where he lived.	„Wo wohnen Sie?" Sie fragte ihn, wo er wohne.
"Why didn't he phone?" She wondered why he hadn't phoned.	„Warum hat er nicht angerufen?" Sie überlegte, warum er nicht angerufen hatte.

Indirekte Rede und Frage ohne Zeitverschiebung

Steht das einleitende Berichtsverb im ***present tense***, ***present perfect*** oder einer **Zukunftsform** (► S. 97), so bewahrt die indirekte Rede die Zeitform der entsprechenden direkten Rede; das heißt, es findet keine Zeitverschiebung statt:

"I'm not going to make an ass of myself." He says he's not going to make an ass of himself.	„Ich werd' mich doch nicht lächerlich machen!" Er sagt, er werde sich nicht lächerlich machen.
"You can't spend more than you have." My father has reminded me that I can't spend more than I have.	„Du kannst nicht mehr ausgeben, als du hast." Mein Vater hat mich daran erinnert, dass ich nicht mehr ausgeben kann, als ich habe.
"She can phone me at the office." I'll tell her (that) she can phone you at the office.	„Sie kann mich im Büro anrufen." Ich werde ihr sagen, dass sie Sie im Büro anrufen kann.

Wiedergabe des Imperativs in indirekter Rede

Der Imperativ ist die Befehls- oder Aufforderungsform des Verbs (► S. 115):

"Relax." "Please don't go away."	„Entspanne dich." „Bitte geh nicht weg."

Bei der Wiedergabe des Imperativs in indirekter Rede findet im Allgemeinen die Konstruktion Verb + Objekt (+ *not*) + *to*-Infinitiv (oder die entsprechende Passivkonstruktion) Verwendung (► S. 119):

She told him to relax.	Sie sagte, er solle sich entspannen.
I asked her not to go away.	Ich bat sie, nicht wegzugehen.

Aktiv und Passiv

Aktiv und Passiv unterscheiden sich durch die „Handlungsrichtung"; sie stellen unterschiedliche Sichtweisen des gleichen Sachverhalts dar:

Aktiv:

Wellington ► defeated Napoleon.	Wellington schlug Napoleon.

Passiv:

Napoleon ◄ was defeated (by Wellington).	Napoleon wurde (von Wellington) geschlagen.

Das Beispielpaar zeigt uns:

1. Im **Aktiv** steht das vorn, von dem die Handlung ausgeht („Handlungsverursacher") – hier *Wellington*.
   Im **Passiv** steht das vorn, worauf die Handlung einwirkt („Handlungsempfänger") – hier *Napoleon*.
2. Der Handlungsverursacher (hier: *Wellington*) wird im Passiv entweder nicht genannt (der weitaus häufigere Fall!) oder mit *by* angefügt.

3. Im Passiv besteht die Verbgruppe aus einer Form von *be* (hier: *was*) und dem *-ed* participle (hier: *defeated*).

In Fragen nach dem „Verursacher" wird *by* in der Regel nachgestellt, also z. B. nicht *By whom ...?*, *By what ...?*, sondern:

Who was Napoleon defeated by?	Von wem wurde Napoleon geschlagen?
What is air pollution caused by?	Wodurch wird Luftverschmutzung verursacht?

Übersicht: **Verbzeiten in Aktiv und Passiv**

	Aktiv	Passiv
Present	I ask ich frage	I am asked ich werde gefragt
Past	I asked ich fragte	I was asked ich wurde gefragt
Pres. perfect	I have asked ich habe gefragt	I have been asked ich bin gefragt worden
Past perfect	I had asked ich hatte gefragt	I had been asked ich war gefragt worden
Pres. progr.	I am asking ich frage	I am being asked ich werde gefragt
Past progr.	I was asking ich fragte	I was being asked ich wurde gefragt
Will	I will ask ich werde fragen	I will be asked ich werde gefragt werden
Would	I would ask ich würde fragen	I would be asked ich würde gefragt werden
Would have	I would have asked ich hätte gefragt	I would have been asked ich wäre gefragt worden
Could	I could ask ich könnte fragen	I could be asked ich könnte gefragt werden
Could have	I could have asked ich hätte fragen können	I could have been asked ich hätte gefragt werden können

Gesichtspunkte für die Wahl der Passivkonstruktion

Das Passiv wird dem Aktiv vorgezogen, wenn der Verursacher unbekannt oder ohne Belang für die Aussage ist:

English **is spoken** everywhere. The book **was translated** into several languages.	Englisch wird überall gesprochen. Das Buch wurde in mehrere Sprachen übersetzt.

Auch wenn der Verursacher bekannt und für die Aussage wichtig ist, wählt man mitunter die Passivkonstruktion, etwa weil man den „Handlungsempfänger" aus Betonungs- oder anderen Gründen an den Satzanfang stellen möchte. Beispiele:

The Declaration of Independence was signed by 56 men. **Forest fires** are often caused by lightning.	Die Unabhängigkeitserklärung wurde von 56 Männern unterzeichnet. Waldbrände werden oft durch Blitzschlag verursacht.

Englisches Passiv zum Ausdruck von dt. „man"

She **was advised** to leave the country. We **were assured** that there was no danger. He can't **be trusted**.	**Man** riet ihr, das Land zu verlassen. **Man** versicherte uns, dass keine Gefahr bestehe / bestand. **Man** kann ihm nicht trauen.

Englisches Passiv ohne direkte deutsche Entsprechung

Say, *tell*, *believe*, *expect*, *allow* und einige andere Verben werden – mit nachfolgendem *to*-Infinitiv – in Passivkonstruktionen verwendet, die im Deutschen keine direkte Entsprechung haben (► S. 119):

She **is said to** be very rich. We **were told to** wait.	Sie soll sehr reich sein. Man sagte uns, wir sollten warten.

The robbers are believed to have escaped on bicycles.	Man glaubt, dass die Räuber mit Fahrrädern entkommen sind.
They had been expected to win.	Man hatte erwartet, dass sie gewinnen.
I was allowed to stay.	Ich durfte bleiben.

Bei *give*, *ask*, *bring*, *offer*, *show*, *tell* und einigen anderen Verben mit **zwei Objekten** kann – anders als im Deutschen – das **indirekte Objekt** („Personenobjekt") zum Subjekt des Passivsatzes gemacht werden:

They were given no weapons.	Es wurden ihnen keine Waffen gegeben.
She was asked some questions.	Es wurden ihr einige Fragen gestellt.
I was brought a glass of water.	Man brachte mir ein Glas Wasser.
They were offered good jobs.	Ihnen wurden gute Jobs angeboten.
I was shown a couple of photos.	Man zeigte mir eine Reihe von Fotos.
She wanted to be told the truth.	Sie wollte, dass man ihr die Wahrheit sagt.

Passiv bei Verben mit präpositionalem Objekt

Der Aktivkonstruktion Verb + Präposition + Objekt (z. B. *broke* + *into* + *their house*) entspricht – dem deutschen Sprachgefühl fremd – eine Passivkonstruktion, in der die Präposition **hinter dem Verb** verbleibt:

Aktiv:

Someone broke into their house.	Jemand brach in ihr Haus ein.

Passiv:

Their house was broken into.	In ihr Haus wurde eingebrochen.

Entsprechend z. B. auch:

She's being well looked after.	Man kümmert sich gut um sie.

The doctor was sent for.	Es wurde nach dem Arzt geschickt.
They were being shot at.	Es wurde auf sie geschossen.

Der Imperativ

Mit dem Imperativ (= Befehlsform) werden Befehle, Aufforderungen, Bitten usw. ausgedrückt.
Der bejahte Imperativ ist formgleich mit dem Infinitiv, also mit der Grundform des Verbs:

Imagine!	Stell dir / Stellen Sie sich das vor!
Be careful.	Sei(d) / Seien Sie vorsichtig.
Come on in.	Kommen Sie doch herein!
Shut your books, please.	Macht die Bücher bitte zu.

Der verneinte Imperativ wird immer – auch bei *be*! – mit *don't* bzw. *do not* gebildet:

Don't forget to take your passport.	Vergiss nicht, deinen Pass mitzunehmen.
Please do not reply to this mail.	Bitte antworten Sie nicht auf diese Mail.
Don't be an ass!	Sei doch nicht blöd!

Das Ausrufezeichen setzt man im Englischen nur nach besonders nachdrücklich gemeinten Aufforderungen.

Um einen bejahten Imperativ besonders eindringlich zu machen, kann man ihn mit *do* verstärken:

Do sit down.	Nehmen Sie doch bitte Platz!
Do stop that noise!	Hört bloß mit diesem Krach auf!

Auch durch die Hinzufügung von *you* wird umgangssprachlich eine größere Eindringlichkeit bewirkt:

Don't you tell me how to do my job.	Sagen Sie mir nicht, wie ich meine Arbeit zu tun habe!

Don't you dare touch him!	Wagt es bloß nicht, ihn anzufassen!

Durch ein Frageanhängsel (► S. 149 f.) kann ein Imperativ höflich abgeschwächt werden. Am häufigsten geschieht dies durch *will you?*:

Make us a cup of coffee, will you?	Machen Sie uns doch bitte eine Tasse Kaffee, ja?

Der Infinitiv

Der Infinitiv ist die Grundform des Verbs; er wird im Englischen allein oder mit voranstehendem *to* gebraucht:

I can work. I'm trying to work.	Ich kann arbeiten. Ich versuche zu arbeiten.

Typische Verwendungen des Infinitivs

Infinitiv mit oder ohne *to* nach einer Form von *be*

My dream was to be a(n) historian.	Mein Traum war es, Historiker zu werden.
All we can do is wait.	Das Einzige, was wir tun können, ist warten.

To-Infinitiv nach *wh*-Wort oder *how*

I didn't know what to do.	Ich wusste nicht, was ich machen sollte.
The question is how to do it.	Die Frage ist, wie man es machen soll.

To-Infinitiv als Attribut zu Nomen oder Pronomen

There's a lady to see you.	Da ist eine Dame, die Sie sprechen möchte.

She has no one to visit her.	Sie hat niemand, der sie besucht.
You'll be the first to know.	Du wirst der / die Erste sein, der / die es erfährt.
She wants someone to chat to.	Sie möchte jemand, mit dem sie sich unterhalten kann.

To-Infinitiv nach Adjektiv + Nomen

She's a difficult woman to work for.	Es ist schwierig, für sie zu arbeiten.
It's a wonderful song to sing in the bath.	Es ist ein Song, der sich herrlich im Bad singen lässt.

To-Infinitiv als adverbiale Bestimmung

Als adverbiale Bestimmung steht der *to*-Infinitiv u. a. zum Ausdruck der Absicht oder des Zwecks:

We have to eat to live.	Wir müssen essen, um zu leben.

Häufig wird dem *to*-Infinitiv *in order* vorangestellt:

We have to eat in order to live.	Wir müssen essen, um zu leben.

Um einen adverbialen Gebrauch des *to*-Infinitivs handelt es sich auch in Fällen wie dem folgenden:

She was foolish enough to lend him the money.	Sie war dumm genug, ihm das Geld zu leihen.

To-Infinitiv nach Ketten-Nomen

Als „Ketten-Nomen" bezeichnen wir Nomen, die durch einen *to*-Infinitiv oder eine Präposition + *-ing*-Form (► S. 124) näher bestimmt werden können:

I don't often get the chance to speak English.	Ich bekomme nicht oft Gelegenheit, Englisch zu sprechen.
The accused has the right to remain silent.	Der Angeklagte hat das Recht zu schweigen.
The best way to lose weight is to eat less.	Die beste Methode abzunehmen ist weniger zu essen.

Wichtige Ketten-Nomen mit nachfolgendem *to*-Infinitiv: *ability, attempt, chance, desire, freedom, habit, intention, opportunity, permission, plan, pleasure, right, time, way, will, wish.*

To-Infinitiv nach Ketten-Adjektiven (► S. 125)

They were anxious not to hurt anyone.	Sie waren bestrebt, niemand zu verletzen.
He's always glad to help.	Er hilft immer gern.
I'm sorry to hear that.	Es tut mir leid, das zu hören.
You're welcome to use our phone.	Sie können gern unser Telefon benutzen.

Wichtige Ketten-Adjektive mit nachfolgendem *to*-Infinitiv: *able, afraid, anxious, certain, eager, glad, grateful, happy, keen, likely, pleased, ready, sorry, sure, thankful, unable, welcome, willing.*

Ketten-Verben

Es gibt drei Typen von Ketten-Verben (= Verben, an die ein weiteres angehängt werden kann):

Typ 1: Es kann nur ein *to*-Infinitiv angehängt werden:

I managed to talk to her.	Es gelang mir, mit ihr zu reden.

Typ 2: Es kann nur eine *-ing*-Form angehängt werden:

I avoided talking to her.	Ich vermied es, mit ihr zu reden.

Typ 3: Es kann ein *to*-Infinitiv oder eine *-ing*-Form angehängt werden:

I like to talk / I like talking to her.	Ich rede gern mit ihr.

Typ 1 behandeln wir hier, Typ 2 ist auf S. 124 dargestellt, und Typ 3 finden Sie auf S. 124 f.

To-Infinitiv nach Ketten-Verben

She decided to talk to him.	Sie beschloss, mit ihm zu reden.
She refused to talk to him.	Sie weigerte sich, mit ihm zu reden.
She failed to talk to him.	Sie redete nicht mit ihm.

Wichtige Ketten-Verben mit nachfolgendem *to*-Infinitiv: *agree*, *ask*, *claim*, *decide*, *demand*, *expect*, *fail*, *happen*, *hope*, *learn*, *manage*, *offer*, *plan*, *promise*, *refuse*, *seem*, *threaten*, *want*, *wish*.

An das Verb *help* kann der Infinitiv eines weiteren Verbs sowohl mit als auch ohne *to* angehängt werden:

The drug helps (to) prevent heart attacks.	Das Medikament trägt dazu bei, Herzinfarkte zu verhüten.

Die Konstruktion Verb + Objekt + *to*-Infinitiv

Oft hat die Konstruktion Verb + Objekt + *to*-Infinitiv eine direkte Entsprechung im Deutschen (Typ 1), mitunter aber auch nicht (Typ 2):

Typ 1: He asked her to come.	Er bat sie zu kommen.
Typ 2: He expected her to come.	Er erwartete, dass sie kommen würde.

Häufig in dieser Konstruktion gebrauchte Verben, Typ 1:
advise, *allow*, *ask*, *encourage*, *force*, *help*, *invite*, *order*.
Häufig in dieser Konstruktion gebrauchte Verben, Typ 2:
believe, *expect*, *get*, *hate*, *like*, *love*, *prefer*, *remind*, *tell*, *want*.

Passiv der Konstruktion Verb + Objekt + *to*-Infinitiv (► S. 113 f.)

She wasn't allowed to leave her room.	Sie durfte ihr Zimmer nicht verlassen.
We were forced to get out of the car.	Man zwang uns, aus dem Auto zu steigen.
I was told to go home.	Man sagte mir, ich solle nach Hause gehen.

Die Konstruktion Verb + Objekt + Infinitiv ohne *to*

Die Konstruktion Verb + Objekt + Infinitiv **ohne** *to* ist nur mit einer kleinen Zahl von Verben möglich: *feel*, *(over)hear*, *listen to*, *notice*, *observe*, *see*, *watch*; *have*, *let*, *make*; *help*. – Beispiele:

She heard him protest loudly.	Sie hörte ihn laut protestieren.
He felt the knife touch his skin.	Er fühlte, wie das Messer seine Haut berührte.

Passiv der Konstruktion Verb + Objekt + Infinitiv ohne *to*
Anders als in der Aktivkonstruktion steht hier der Infinitiv stets **mit** *to*:

He was heard to protest loudly.	Man hörte ihn laut protestieren.

Aktiver oder passiver Infinitiv?

Im Englischen steht bei passivischem Sinn häufiger als im Deutschen der passive Infinitiv:

That was to be expected. She was nowhere to be seen.	Das war zu erwarten. Sie war nirgendwo zu sehen.

Es gibt jedoch eine Reihe von Fällen, in denen trotz passivischer Bedeutung der aktive Infinitiv gebraucht wird:

1. Nach Adjektiven wie *easy*, *difficult*, *hard*, *impossible*, *great*, *nice*, *(un)pleasant*, *wonderful*, *dangerous*, *(un)fit* und *ready*:

The garden is nice / wonderful to look at.	Der Garten ist hübsch / herrlich anzuschauen.

2. Nach Adjektiv + Nomen – eine typisch englische Konstruktion ohne direkte Entsprechung im Deutschen:

He's an interesting man to talk to.	Er ist ein Mann, mit dem man sich interessant unterhalten kann.

3. Nach *have (got)* + Objekt:

I have nothing to hide.	Ich habe nichts zu verbergen.

4. In der idiomatischen Fügung *to blame* (= [daran] schuld sein):

The bus driver was not to blame for the accident.	Der Busfahrer war an dem Unglück nicht schuld.

Infinitivfügungen mit *for*

Häufig wird dem *to*-Infinitiv mit Hilfe der Präposition *for* ein eigenes Sinnsubjekt zugeordnet:

Everyone was waiting for her to say something.	Alle warteten darauf, dass sie etwas sagte.
She left word for him to call back.	Sie ließ ihm sagen, er möchte sie zurückrufen.
It would be absurd for a boy his age to get married.	Es wäre doch absurd, wenn ein Junge in seinem Alter heiraten würde.
I've got an interesting book for you to read on the train.	Ich habe ein interessantes Buch, das du im Zug lesen kannst.
Isn't there anyone for the boy to play with?	Gibt es denn niemand, mit dem der Junge spielen könnte?
I've got some coffee for you to stay awake.	Ich habe Kaffee für euch, damit ihr wach bleibt.
For you to say such a thing is simply irresponsible.	Es ist einfach unverantwortlich von Ihnen, so etwas zu sagen.
German custom is for men to wear wedding rings as well.	In Deutschland ist es Sitte, dass auch Männer Eheringe tragen.

Die *-ing*-Form

In diesem Kapitel behandeln wir die Bildung und die ungemein vielfältigen Verwendungen der *-ing*-Form, denen gutes Englisch viel von seiner Ausdrucksschärfe und Knappheit verdankt. Nicht befassen wir uns hier mit der Verlaufsform (*progressive form*), da diese zu den Zeiten des Verbs gehört und im Zusammenhang mit diesen ausführlich behandelt wird (► S. 77 ff.).

Bildung der *-ing*-Form

Bei den meisten Verben wird die *-ing*-Endung einfach an den Infinitiv angehängt:

find – finding	talk – talking	tell – telling	buy – buying

Stummes *-e* am Wortende entfällt (vgl. S. 81):

dance – dancing	come – coming	love – loving

Die Endbuchstaben *-b, -d, -g, -m, -n, -p, -r, -t, -v, -z* werden nach kurzem, betontem a, e, i, o, u meistens verdoppelt (vgl. S. 82):

rob – robbing	stop – stopping	regret – regretting

Auslautendes unbetontes *-l* wird im BE verdoppelt, im AE dagegen nicht (vgl. S. 82):

travel	*BE* travelling	*AE* traveling
quarrel	*BE* quarrelling	*AE* quarreling

Doppelcharakter der *-ing*-Form als Nomen und als Verb

Die *-ing*-Form kann wie ein **Nomen** verwendet werden:

I did the shopping and the cooking. Learning is easy when it's fun.	Ich besorgte das Einkaufen und das Kochen. Lernen ist leicht, wenn es Spaß macht.

Wie ein **Nomen** kann die *-ing*-Form durch ein **Adjektiv**, wie ein **Verb** durch ein **Adverb** näher bestimmt werden:

Careful driving pays off.	Vorsichtiges Fahren zahlt sich aus.
Driving carefully can save lives.	Vorsichtiges Fahren kann Leben retten.

Wie ein **Verb** kann die *-ing*-Form ein **Objekt** haben:

Writing a book requires great discipline.	Ein Buch zu schreiben erfordert große Disziplin.

Wie ein **Verb** kann die *-ing*-Form das **Perfekt** und das **Passiv** bilden:

She accused him of having been too soft.	Sie warf ihm vor, zu nachgiebig gewesen zu sein.
He insisted on being informed immediately.	Er bestand darauf, sofort benachrichtigt zu werden.

-ing-Form nach Präpositionen

Ein auf eine **Präposition** folgendes Verb steht immer in der *-ing*-Form:

Instead of going to the office, he spent the day on the beach.	Anstatt ins Büro zu gehen, verbrachte er den Tag am Strand.
They entered without being noticed.	Sie traten ein, ohne bemerkt zu werden.

Häufig findet sich die Fügung **Präposition + *-ing*-Form** nach bestimmten **Verben**, **Adjektiven** und **Nomen**:

Verb + Präposition + *-ing*-Form

He dreams of being a famous painter.	Er träumt davon, ein berühmter Maler zu werden.

Wichtige Verben mit nachfolgender Präposition + *-ing*-Form:
believe in, bother about, confess to, decide against, devote to, dream of, feel like, get away with, insist on, keep from, live by, look forward to, specialize in, succeed in, think about, worry about.

Adjektiv + Präposition + *-ing*-Form

I was afraid of waking you up.	Ich hatte Angst, dich aufzuwecken.

Wichtige Adjektive mit nachfolgender Präposition + *-ing*-Form:
accustomed to, afraid of, available for, bad at, capable of, clever at, famous for, fond of, good at, guilty of, interested in, keen on, proud of, sick of, sorry for, suitable for, tired of, used to, useful for.

Nomen + Präposition + *-ing*-Form

Is there any chance of getting a job?	Besteht irgendeine Möglichkeit, Arbeit zu bekommen?

Wichtige Nomen mit nachfolgender Präposition + *-ing*-Form: *advantage of, alternative to, basis for, blame for, chance of, choice between, danger of, difference between, excuse for, habit of, hope of, interest in, method of, necessity for, need for, opportunity of, place for, pleasure of, possibility of, talent for, use of.*

-ing-Form nach Ketten-Verben (► S. 118 f.)

She avoided looking at him.	Sie vermied es, ihn anzusehen.
I enjoy being with you.	Ich bin sehr gern mit dir zusammen.
He has given up smoking.	Er hat das Rauchen aufgegeben.
She suggested taking the night train.	Sie schlug vor, den Nachtzug zu nehmen.

Wichtige Ketten-Verben mit nachfolgender *-ing*-Form: *admit*, *avoid*, *can't help*, *consider*, *deny*, *discuss*, *dislike*, *enjoy*, *finish*, *give up*, *imagine*, *keep*, *keep on*, *mention*, *mind*, *miss*, *postpone*, *put off*, *regard*, *risk*, *stop*, *suggest*, *take up*.

Verben, nach denen *-ing*-Form oder *to*-Infinitiv stehen kann

An eine beschränkte Zahl von Verben kann sowohl eine *-ing*-Form als auch ein *to*-Infinitiv angehängt werden. Es lassen sich hier zwei Gruppen unterscheiden:

1. **Die Fügungen Verb + *-ing*-Form und Verb + *to*-Infinitiv sind bedeutungsgleich.**
   Dies ist oft bei folgenden Verben der Fall: *can't bear*, *begin*, *bother*, *continue*, *fear*, *hate*, *like*, *love*, *prefer*, *start*. – Beispiele:

He didn't even bother phoning / to phone.	Er hat sich noch nicht mal die Mühe gemacht anzurufen.
I hate being / to be ill.	I hasse es, krank zu sein.
I like being / to be alone.	Ich bin gern allein.

2. **Die Fügungen Verb + *-ing*-Form und Verb + *to*-Infinitiv sind nicht bedeutungsgleich. – Beispiele:**

I remember telling her.	Ich erinnere mich, es ihr gesagt zu haben.
I must remember to tell her.	Ich muss daran denken, es ihr zu sagen.
They stopped talking.	Sie hörten auf zu reden.
They stopped (in order) to talk.	Sie blieben stehen, um sich zu unterhalten.
I tried to sleep but couldn't.	Ich versuchte zu schlafen, konnte es aber nicht.
I tried counting sheep but it didn't work.	Ich probierte es mit Schafezählen, aber das funktionierte nicht.

-ing-Form nach Adjektiven

She's busy packing her bags.	Sie ist damit beschäftigt, ihre Koffer zu packen.
We were late getting here.	Wir sind hier verspätet angekommen.
The book is worth reading.	Das Buch ist lesenswert.

-ing-Fügung mit eigenem Sinnsubjekt

I hope you don't mind the boy / him sitting here.	Ich hoffe, es macht Ihnen nichts aus, dass der Junge / er hier sitzt.
I noticed the men / them looking around furtively.	Ich bemerkte, dass die Männer / sie sich verstohlen umblickten.
She insisted on the doctor being called.	Sie bestand darauf, dass der Arzt gerufen wurde.

-ing-Fügung als Attribut

Sehr häufig wird mit Hilfe einer *-ing*-Fügung ein Nomen oder Pronomen näher bestimmt. Im Gegensatz zum Deutschen steht die *-ing*-Fügung **immer hinter** dem Nomen, auf das sie sich bezieht:

Most of the people living here are against the plan.	Die meisten der **hier wohnenden** Menschen sind gegen den Plan.
The reporters accompanying the president were surprised.	Die **den Präsidenten begleitenden** Reporter waren überrascht.

-ing-Fügung als adverbiale Bestimmung

Die *-ing*-Fügung als adverbiale Bestimmung kommt besonders in der Schriftsprache häufig vor. Im Deutschen entspricht ihr in der großen Mehrzahl der Fälle:

1. ein durch *als*, *während*, *wenn*, *wobei*, *da* etc. eingeleiteter Nebensatz,
2. Nebeneinanderordnung mit *und*,
3. Wiedergabe durch eine Nominalgruppe,
4. Wiedergabe durch eine Partizipialkonstruktion (wie im Englischen).

Beispiele zu den vier Typen:

1. Glancing at her watch, she saw that it was ten o'clock.	Als sie auf ihre Uhr schaute, sah sie, dass es zehn Uhr war.
2. I entered the room, shutting the door behind me.	Ich trat ins Zimmer und machte die Tür hinter mir zu.
3. Returning from the station, he passed a cinema.	Auf dem Rückweg vom Bahnhof kam er an einem Kino vorbei.
4. Trembling with anger, she turned away from him.	Zitternd vor Zorn wandte sie sich ab von ihm.

Um eindeutig auszudrücken, dass die Handlung der *-ing*-Fügung bereits abgeschlossen war, als die des Hauptsatzes einsetzte, kann man die Formen *having + -ed participle* oder *after + -ing* verwenden:

Having found the bag, I dashed back to the check-in desk.	Nachdem ich die Tasche gefunden hatte, raste ich zum Abfertigungsschalter zurück.
After seeing that movie I had no desire to see any others she was in.	Nachdem ich diesen Film gesehen hatte, hatte ich kein Verlangen, noch andere zu sehen, in denen sie mitspielte.

Zur Verdeutlichung der Aussage wird der *-ing*-Fügung häufig eine Konjunktion wie *while* oder *before* vorangestellt:

He was mugged while walking his dog in a London park.	Er wurde überfallen, als er mit seinem Hund in einem Londoner Park spazieren ging.
Before doing anything rash, listen to what he has to say.	Bevor du irgendwas überstürzt, höre dir an, was er zu sagen hat.

Das *-ed*-Partizip

Das *-ed*-Partizip dient zur Bildung des *present perfect* und *past perfect* (► S. 86 ff., 93 ff.) und des Passivs (► S. 111 ff.), ist aber auch davon abgesehen außerordentlich nützlich für eine elegante Formulierung englischer Sätze.
Dieses Kapitel zeigt Ihnen, wie man sich mit Hilfe dieser Form knapp, treffsicher und idiomatisch ausdrücken kann.

Bildung des *-ed*-Partizips

Das *-ed*-Partizip des Verbs wird im Deutschen auch als Perfektpartizip, im Englischen als *-ed participle* oder *past participle* bezeichnet. Dieses Partizip ist bei **regelmäßigen** Verben **immer** mit dem *past tense* (z. B. *worked*) identisch, bei **unregelmäßigen** dagegen nur **manchmal**:
*buy – bought – **bought*** (identisch),
aber *write – wrote – **written*** (nicht identisch).
(Unregelmäßige Verben ► S. 161)

-ed-Fügung als adverbiale Bestimmung

Mit „*-ed*-Fügung" ist hier eine „Fügung mit dem *-ed*-Partizip" gemeint, wobei der Begriff „*-ed*-Partizip" auch unregelmäßige Partizipien wie *written* (= geschrieben), *brought* (= gebracht) und *made* (= gemacht) einschließt.

1. Adverbiale *-ed*-Fügung ohne eigenes Subjekt:

Asked to explain, she said she didn't know why she had done it.	Nach einer Erklärung gefragt sagte sie, sie wisse nicht, warum sie es getan habe.
Though crippled by polio, Franklin Roosevelt became one of America's greatest presidents.	Trotz seiner Behinderung durch Polio wurde Franklin Roosevelt einer der bedeutendsten Präsidenten Amerikas.

2. Adverbiale *-ed*-Fügung mit eigenem Subjekt:

All things considered, it is almost a miracle that she's still alive.	Alles in allem ist es fast ein Wunder, dass sie immer noch am Leben ist.
Six soldiers came out with their hands raised.	Sechs Soldaten kamen mit erhobenen Händen heraus.

-ed-Fügung als Attribut

Sehr häufig wird mit Hilfe eines *-ed*-**Partizips** (= **ein** Wort) oder einer *-ed*-**Fügung** (= **mehr als ein** Wort) ein **Nomen** oder Pronomen näher bestimmt:

Trouble shared is trouble halved.	Geteiltes Leid ist halbes Leid.
The play is about a man wrongly convicted of murder.	Das Stück handelt von einem Mann, der zu Unrecht wegen Mordes verurteilt wird / wurde.

Anders als in der deutschen Entsprechung stehen *-ed*-Partizip oder *-ed*-Fügung in aller Regel **hinter** den Nomen, auf die sie sich beziehen:

the terms offered the reforms recommended by the committee	die angebotenen Konditionen die von dem Ausschuss empfohlenen Reformen

-ed-Partizip als Ergänzung zum Objekt

Als Ergänzung zum Objekt treten *-ed*-Partizipien typischerweise nach *have* auf:

They had the text translated. She had her credit card stolen on the train.	Sie ließen den Text übersetzen. Ihr wurde im Zug die Kreditkarte gestohlen.

Auch nach *want*, *make*, *find*, *keep* und *leave* steht das *-ed*-Partizip als Ergänzung zum Objekt:

What address do you want it sent to? You must keep the windows closed.	An welche Adresse möchten Sie es geschickt haben? Sie müssen die Fenster geschlossen halten.

Die Hilfsverben

Die Hilfsverben lassen sich in drei Gruppen einteilen:

1. Die **vollständigen Hilfsverben** *be*, *have* und *do*.
   Vollständig nennen wir diese Hilfsverben, weil sie einen **vollständigen** Set an Formen und Zeiten aufweisen: **Infinitiv** (*to be*, *to have*, *to do*), ***-ing*-Form** (*being*, *having*, *doing*), ***-ed*-Partizip** (*been*, *had*, *done*), *past tense* (*was/were*, *had*, *did*).
   Ein weiteres Merkmal dieser Gruppe ist, dass alle drei Verben außer als **Hilfsverben** (Beispiel: *I **had** seen her.*) auch als **Vollverben** (Beispiel: *I **had** breakfast in bed.*) verwendet werden können.
2. Die **modalen Hilfsverben** *can/could*, *may/might*, *must*, *will/would*, *shall/should* und *ought to*.
   Diese Hilfsverben sind alle **unvollständig**. „Modal“ heißen sie, weil sie ausdrücken, auf welche Art und Weise die Handlung des Vollverbs vollzogen wird: *She goes. – She can/might/must* go.

3. Die **modalen Hilfsverben** *used to*, *dare*, *need*.
   Diese drei Verben weisen gegenüber der zweiten Gruppe Besonderheiten auf. So können sie zum Beispiel außer als **modale Hilfsverben** auch als **Vollverben** gebraucht werden.

Be: Formen

Present tense		*Past tense*		*-ing*-Form	*-ed*-Partizip
I am	you are	I was	you were	being	been
he is	we are	he was	we were		
she is	they are	she was	they were		
it is		it was			

Kurzformen und Vollformen

Beim Sprechen gebraucht man unbetont die Kurzformen:

I'm [aɪm] (= I am)	
's (= is)	isn't ['ɪznt] (= is not)
're (= are)	aren't [ɑːnt] (= are not)
wasn't ['wɒznt] (= was not)	weren't [wɜːnt] (= were not)

Auch in geschriebenen oder gedruckten Texten verwendet man die **Kurzformen**, wenn ein die gesprochene Sprache wiedergebender informeller Stil beabsichtigt ist. Sollen *am*, *is*, *are* etc. betont werden, so benutzt man in jedem Fall die **Vollformen**:

I'm [aɪm] surprised.	Ich bin überrascht.
I am [aɪ 'æm] surprised.	Ich bin wirklich überrascht.
It isn't easy. / It's not easy.	Es ist nicht leicht.

Bildung der Frageform und verneinten Form

In der Frageform und verneinten Form werden *am*, *is*, *are*, *was*, *were* nicht mit *do* umschrieben:

Are(n't) you happy?	Bist du (denn nicht) glücklich?
I am not that stupid.	So dumm bin ich nicht.

Hingegen werden der verneinte und der betonte Imperativ wie bei „normalen" Verben mit *don't / do* gebildet:

Don't be so stupid.	Sei doch nicht so dumm.
Do be careful with it.	Sei doch bitte vorsichtig damit.

Be: Gebrauch zur Bildung von Verlaufsform und Passiv

Als Hilfsverb wird *be* zur Bildung 1. der *progressive form* (► S. 77 ff.) und 2. des Passivs (► S. 111 ff.) gebraucht:

1. The sun is setting.	Die Sonne ist am Untergehen.
2. I was not informed.	Ich wurde nicht informiert.

Be (supposed / said) to = „sollen"

Be to, *be supposed to* und *be said to* sind häufige Entsprechungen für dt. „sollen". Vergleichen Sie aber auch *shall* (► S. 144), *should* (► S. 145) und *ought to* (► S. 146).
Be to drückt in der Regel aus, dass etwas vorgesehen, angeordnet oder durch Dritte gewollt ist:

We're to be back by six.	Wir sollen bis sechs zurück sein.
Smith is to report to the headmaster.	Smith soll sich beim Direktor melden.
Articles are to be written in plain language.	Artikel sollen in leicht verständlicher Sprache verfasst sein.

Be supposed to drückt ein Sollen im Sinne von „es wird erwartet / angenommen" aus:

Jokes are supposed to be funny.	Witze sollen komisch sein.
Am I supposed to eat all that?	Soll ich das (etwa) alles essen?

Sollen in der Bedeutung „es wird gesagt, dass" wird oft durch *be said to* ausgedrückt:

The new drug is said to work wonders.	Das neue Mittel soll Wunder wirken.

Have: Formen

Present tense		*Past tense* und *-ed*-Partizip	*-ing*-Form
I have habe	he has hat	had hatte / gehabt	having habend
you have	she has		
we have	it has		
they have			

Kurzformen

Als Hilfsverb nach Personalpronomen wird *have* in der Umgangssprache meistens verkürzt gesprochen, wobei *have* zu *-'ve* wird, *has* zu *-'s* und *had* zu *-'d*:

I've never used it yet.	Ich habe es noch nie benutzt.
She's changed a lot.	Sie hat sich sehr verändert.
I'd never been there before.	Ich war dort noch nie gewesen.

Unbetontes *not* wird nach *have*, *has* und *had* oft zu *-n't* verkürzt:

She hasn't got time for me.	Sie hat keine Zeit für mich.

Have: Gebrauch zur Bildung der Perfektformen

In Verbindung mit dem *-ed*-Partizip eines Vollverbs wird *have* zur Bildung von *present perfect* (► S. 86 ff.), *past perfect* (► S. 93 ff.), *future perfect* (► S. 103 f.) und *conditional perfect* (► S. 107) gebraucht. *Have* ist dann **Hilfsverb** und wird in Frage und Verneinung **nicht** mit *do* umschrieben:

She has seen the film.	Sie hat den Film gesehen.
Has she seen the film?	Hat sie den Film gesehen?
She had (not) seen the film.	Sie hatte den Film (nicht) gesehen.

Have got

Have got war von der Form her ursprünglich ein Perfekt (*I have got = ich habe bekommen*), bildet aber im heutigen Englisch eine umgangssprachliche Alternative zu *have* in manchen seiner Bedeutungen:

They've got / They have a waiting list.	Sie haben eine Warteliste.
Who's got / Who has the key?	Wer hat den Schlüssel?

Have als Vollverb

Als Vollverb kann *have* „besitzen" im weitesten Sinn ausdrücken; in dieser Bedeutung steht es niemals in der *progressive form*:

They have three children.	Sie haben drei Kinder.
The baby had brown eyes.	Das Baby hatte braune Augen.

Frage und Verneinung können hier grundsätzlich ohne *do*-Umschreibung gebildet werden; wesentlich häufiger ist allerdings die Konstruktion mit *got* oder *do* (► S. 134 f.):

Have you a ticket? Have you got a ticket? Do you have a ticket?	} Haben Sie eine Eintrittskarte?
She hasn't any money. She hasn't got any money. She doesn't have any money.	} Sie hat kein Geld.

Hat *have* nicht die Bedeutung „besitzen", sondern wird es als „Tätigkeitsverb" verwendet, so müssen Frage und Verneinung mit *do* konstruiert werden, die Kombination mit *got* ist unmöglich, die Bildung der *progressive form* dagegen möglich:

What time do you have breakfast?	Um welche Zeit frühstücken Sie?
I didn't have a shower this morning.	Ich habe heute Morgen nicht geduscht.
I was just having a look at the photos.	Ich habe mir gerade die Fotos angeschaut.

Have (got) to = müssen

Als Entsprechung für *müssen* kann *have to* (im Gegensatz zu *must*, ► S. 141 f.) wie ein normales Verb gebraucht werden:

She has to / is having to make a living.	Sie muss ihren Lebensunterhalt verdienen.
She'll have to make a living.	Sie wird ihren Lebensunterhalt verdienen müssen.
She doesn't have to make a living.	Sie braucht ihren Lebensunterhalt nicht zu verdienen.

Umgangssprachlich gebraucht man statt *have to* häufig *have got to*, das allerdings fast nur im *present simple tense* vorkommt:

You've got to do something about it.	Du musst (unbedingt) etwas daran / dagegen tun.

Do: Formen

Present tense		*Past tense*	*-ed*-Partizip	*-ing*-Form
I do tue	he does tut	did tat	done getan	doing tuend
you do	she does			
we do	it does [dʌz]			
they do				

Do als Hilfsverb in Fragekonstruktionen

Do dient bei Vollverben zur Bildung der Frageform (► S. 154 f.):

Do you speak English?	Sprechen Sie Englisch?
What does she mean by that?	Was meint sie damit?

Nicht mit *do* umschrieben wird, wenn ein Fragewort Subjekt oder Teil des Subjekts ist (► S. 154):

Who told you that?	Wer hat dir das erzählt?
How many people live here?	Wie viele Menschen leben hier?

Verneint wird natürlich auch hier mit *don't (do not) / doesn't (does not) / didn't (did not)*:

Who doesn't want to be rich?	Wer möchte nicht reich sein?

Nicht mit *do* umschrieben wird bei den Hilfsverben *am / are / is / was / were*, *can / could*, *may / might*, *must*, *ought to*, *shall / should*, *will / would*:

Can / Could / May I use your phone?	Kann / Könnte / Darf ich Ihr Telefon benutzen?

Zum Gebrauch bzw. Nichtgebrauch der *do*-Umschreibung bei *be*, *have*, *need* und *used to* siehe S. 130 f. (*be*), S. 132 f. (*have*), S. 147 f. (*need*) und S. 146 (*used to*).

Do als Hilfsverb in verneinten Konstruktionen

Do dient bei Vollverben zur Bildung der verneinten Form:

I don't (do not) know.	Ich weiß nicht.
It doesn't (does not) worry us.	Es beunruhigt uns nicht.
This didn't (did not) surprise me.	Dies überraschte mich nicht.

Nicht mit *do* umschrieben wird bei den Hilfsverben *am / are / is / was / were*, *can / could*, *may / might*, *must*, *ought to*, *shall / should*, *will / would*:

I couldn't (could not) concentrate.	Ich konnte mich nicht konzentrieren.
You mustn't (must not) lose it.	Du darfst es nicht verlieren.

Zum Gebrauch bzw. Nichtgebrauch der *do*-Umschreibung bei *be*, *have*, *need* und *used to* siehe S. 130 f. (*be*), S. 132 f. (*have*), S. 147 f. (*need*) und S. 146 (*used to*).

Der verneinte Imperativ wird mit *don't* gebildet (auch bei *be*!):

Don't forget to take your medication.	Vergiss nicht, deine Medikamente zu nehmen.
Don't be so stupid.	Sei doch nicht so dumm.

Do als Verb-Verstärker (betonender Gebrauch von *do*)

In unverneinten Aussagesätzen verleiht *do* – betont gesprochen – dem Verb besonderen Nachdruck:

I do understand your difficulties.	Ich verstehe Ihre Schwierigkeiten durchaus.
Dogs really do look like their owners.	Hunde sehen tatsächlich wie ihre Besitzer aus.

Der mit *do* verstärkte Imperativ (► S. 115 f.) macht eine Aufforderung besonders eindringlich:

Do sit down.	Nehmen Sie doch Platz.
Do stop that noise!	Hör(t) bloß mit diesem Krach auf!

Do als Vollverb-„Stellvertreter“

Um die Wiederholung eines **verbalen Ausdrucks** zu vermeiden, kann man ihn durch *do(n't)* bzw. *does(n't)* oder *did(n't)* ersetzen:

She speaks English better than I do.	Sie spricht besser Englisch als ich.
I don't speak English as well as she does.	Ich spreche nicht so gut Englisch wie sie.
She cried and I did too.	Sie weinte, und ich auch.

Entsprechend gebraucht man stellvertretendes *do* in Kurzantworten:

"You must feel relieved." – "I do (indeed)."	„Sie müssen sich erleichtert fühlen.“ – „Ja(, wirklich).“

"Did she tell you about it?" – "Yes, she did."	„Hat sie dir davon erzählt?" – „Ja, das hat sie."
"I understand her." – "So do I."	„Ich verstehe sie." – „Ich auch."
"I don't understand her." – "Nor / Neither do I."	„Ich verstehe sie nicht." – „Ich auch nicht."

Auch in *question tags* (= Frageanhängseln) nimmt *do(n't) / does(n't) / did(n't)* den **verbalen Ausdruck** wieder auf (► S. 149 f.):

You like him, don't you?	Du magst ihn, nicht (wahr)?
You don't like him, do you?	Du magst ihn wohl nicht(, oder)?

Do als Vollverb

Wird *do* nicht als Hilfsverb, sondern als Vollverb verwendet, so wird es wie andere Vollverben in Frage und Verneinung mit dem Hilfsverb *do* umschrieben (S. 134 ff.) und ggf. auch in der Verlaufsform gebraucht:

What do you do on Sundays?	Was macht ihr sonntags?
He didn't do his homework.	Er hat seine Hausaufgaben nicht gemacht.
What are you doing?	Was machst du da?

Can – could und Übersetzungen für „können"

Can (= kann) und *could* (= könnte / konnte) sind unvollständige Verben; sie haben keinen Infinitiv, keine *-ing*-Form, kein *-ed*-Partizip und keine *-s*-Form und werden in Frage und Verneinung nicht mit *do* umschrieben.
Could wird nur dann in der Bedeutung *konnte* verwendet, wenn der Zusammenhang deutlich macht, dass nicht die Bedeutung *könnte* gemeint ist.
Die genannten Gebrauchsbeschränkungen führen dazu, dass statt *can / could* häufig andere verbale Ausdrücke mit gleicher oder ähnlicher Bedeutung verwendet werden – zum Beispiel *be able to / be unable to*.
Die Kombination *can not* wird in der Regel zusammengeschrieben: als Vollform *cannot*, als Kurzform *can't* [kɑːnt].

Could not wird – außer in förmlichem Stil und bei besonderer Betonung von *not* – meist zu *couldn't* zusammengezogen.

can / cannot / can't + Infinitiv

Can you read music?	**Können** Sie Noten lesen?
Can I speak to Mr Marr, please?	**Kann** ich bitte mal Herrn Marr sprechen?
I love music but cannot / can't sing at all.	Ich liebe die Musik, **kann** aber überhaupt **nicht** singen.

could (not) / couldn't + Infinitiv

I wish I could read music.	Ich wünschte, ich **könnte** Noten lesen.
Couldn't we plant a tree here?	**Könnten** wir hier **nicht** einen Baum pflanzen?
Could I speak to Mr Marr, please?	**Könnte** ich bitte mal Herrn Marr sprechen?
She could read and write when she was only four.	Sie **konnte** schon mit vier Jahren lesen und schreiben.

can't / cannot + *have* + *-ed*-Partizip

She can't have walked all the way.	Sie kann doch nicht den ganzen Weg gelaufen sein.

could (not) / couldn't + *have* + *-ed*-Partizip

They could have been saved.	Sie hätten gerettet werden können.
We couldn't have done it without you.	Ohne dich hätten wir es nicht geschafft.

Beachten Sie, dass Fügungen wie *sie kann Russisch* oder *ich kann es* im Englischen nicht möglich sind – es muss ein Verb dabeistehen:

Can / Do you speak Russian?	**Können** Sie Russisch?
I can't do such a thing.	Ich **kann** so was nicht.

Be (un)able to als Alternative zu *can*

In Fällen, wo *can* nicht verwendbar ist, bietet sich *be (un)able to* als Ersatzkonstruktion an:

I was (un)able to talk to the doctor himself.	Ich **konnte (nicht)** mit dem Arzt selbst sprechen.
She won't be able to come.	Sie wird nicht kommen **können.**
They seem (to be) unable to solve the problem.	Sie scheinen das Problem **nicht** lösen **zu können.**

May – might und Übersetzungen für „dürfen"

Wie *can* und *could* sind *may* (= kann / mag / darf) und *might* (= könnte / dürfte) unvollständige Verben – sie haben keinen Infinitiv, keine *-ing*-Form, kein *-ed*-Partizip und keine *-s*-Form und werden in Frage und Verneinung nicht mit *do* umschrieben.
Die genannten Gebrauchsbeschränkungen führen dazu, dass statt *may / might* mitunter andere verbale Ausdrücke mit gleicher oder ähnlicher Bedeutung verwendet werden – zum Beispiel *be allowed to, be permitted to.*
Might not kann zu *mightn't* zusammengezogen werden.

1. *May / might* zum Ausdruck der Möglichkeit (= *it is possible that*)

You may / might be right there.	Da mögen / könnten Sie Recht haben.
They said the bomb might explode any time.	Sie sagten, die Bombe könne jederzeit detonieren.
He may / might have suffered a stroke.	Er kann / könnte einen Schlaganfall erlitten haben.

Beachten Sie zum Unterschied zwischen *can* und *may*:
can = „können" im Sinn „die Fähigkeit haben",
may = „können" im Sinn „(statistisch) möglich sein".

Smoking can cause cancer.	Rauchen kann Krebs verursachen (d. h. es hat die „Fähigkeit" dazu).

Smoking may cause cancer.	Rauchen kann Krebs verursachen (d. h. es besteht die Möglichkeit, dass das geschieht).

Ein entsprechender Unterschied besteht zwischen *could* und *might*:
She could give you the money (= ability: would be able to give it).
She might give you the money (= possibility: there is a chance).

2. *May / might* zum Ausdruck von Erlaubnis (= *be allowed to*)

You may use the bathroom and the kitchen.	Sie können das Badezimmer und die Küche benutzen.
May we go swimming, Dad?	Papa, dürfen wir schwimmen gehen?
The children asked if they might go swimming.	Die Kinder fragten, ob sie schwimmen gehen dürften.

Beachten Sie den Unterschied zwischen *may not* („keine Erlaubnis") und *must not* / *mustn't* ['mʌsnt] („Verbot", „dringendes Abraten"):

You may smoke here, but you may not smoke in the lavatories.	Hier darf man rauchen, aber in den Toiletten darf man nicht rauchen.
You mustn't smoke so much.	Du musst / darfst nicht so viel rauchen.

***Be allowed to* als Ersatzform für *may / might* zum Ausdruck von Erlaubnis**

Be allowed to ist die gebräuchlichste Ersatzform für *may/might* zum Ausdruck von Erlaubnis, wenn *may/might* wegen ihrer „Unvollständigkeit" nicht verwendet werden können:

They were allowed to stay.	Sie durften bleiben.
They will be allowed to stay.	Sie werden bleiben dürfen.

3. *May* zum Ausdruck eines Wunsches oder einer Hoffnung

May he rest in peace.	Er ruhe in Frieden.
May the best man win!	Möge der Beste gewinnen!

Must und Übersetzungen für „müssen“

Must ist ein unvollständiges Verb, das nur in dieser einen Form existiert. *Must* hat keine Vergangenheitsform, keinen Infinitiv, keine *-ing*-Form, kein *-ed*-Partizip und keine *-s*-Form und wird in Frage und Verneinung nicht mit *do* umschrieben.

1. *Must* zum Ausdruck von Verpflichtung oder Notwendigkeit
Soweit *must* Verpflichtung im weitesten Sinn ausdrückt, kann es in der Gegenwartsform häufig durch ***have to*** ersetzt werden; ***have to*** bietet sich auch als Ersatz für die bei *must* fehlenden Formen an:

I must / I have to go now.	Ich muss jetzt gehen.
Must you really go? / Do you really have to go?	Musst du wirklich gehen?
She had to go to London on business.	Sie musste geschäftlich nach London.

Have got to ist eine im BE häufige Alternative zu *have to*; durch Betonung von *got* erzielt man besonderen Nachdruck:

I've got to see her again.	Ich muss sie unbedingt wiedersehen.

Die Verneinung von *müssen* im Sinne einer Verpflichtung / Notwendigkeit ist *nicht müssen*, *nicht brauchen* – im Englischen häufig *not have to / not need to*, *needn't* (► S. 147 f.):

You don't have to / don't need to / needn't write every day.	Du brauchst nicht jeden Tag zu schreiben.

Must not / mustn't ['mʌsnt] hingegen heißt *muss nicht* im Sinne von *darf nicht / soll nicht*:

You mustn't say such things in front of the children.	Du musst / darfst so was nicht vor den Kindern sagen.
The summary mustn't be over 150 words.	Die Zusammenfassung soll / darf nicht mehr als 150 Wörter umfassen.

Als Vergangenheitsform wird *must* nur in Fällen gebraucht, wo der Zusammenhang den Vergangenheitsbezug eindeutig macht. In der Regel sind dies Fälle von indirekter Rede (► S. 108 ff.):

The doctor said that she **must** be operated on.	Der Arzt sagte, dass sie operiert werden müsse.

2. *Must* zum Ausdruck der Wahrscheinlichkeit
Mit *must* kann man (wie im Deutschen mit *müssen*) auch ausdrücken, dass etwas höchst wahrscheinlich, fast gewiss ist:

He **must** be fifty if he's a day.	Er muss mindestens fünfzig sein.
It **must** have been easy.	Es muss leicht gewesen sein.

Verneint wird dieses „Müssen" mit *can't*:

He **can't** be that old.	So alt kann er noch nicht sein.
It **can't** have been easy.	Es kann nicht leicht gewesen sein.

Will als modales Hilfsverb

Will wird in erster Linie zum Ausdruck der Zukunft (Futur) gebraucht (► S. 97 ff.).
Ansonsten kann mit *will/won't* u. a. Folgendes ausgedrückt werden:

1. Aufforderung oder Bitte:

Will you follow me, please?	Wollen Sie mir bitte folgen?
Won't you take a seat?	Wollen Sie sich nicht setzen?

2. Bereitschaft oder Entschlossenheit:

I **will not** / I **won't** listen to such tripe.	So einen Quatsch höre ich mir nicht an.

3. Gewohnheit, Neigung, Veranlagung:

She **will** / She**'ll** sit for hours gazing into space.	Sie sitzt stundenlang da und starrt ins Leere.

4. Vermutung:

That'll be the doctor.	Das wird der Arzt sein.

Would als modales Hilfsverb

Would (bzw. die Kurzform *-'d*) wird häufig als **Bedingungsform** in der Bedeutung *würde* gebraucht (► Bedingungssätze / Konditional S. 104 ff.):

Would you come?	Würdest du kommen?
I would / I'd have come if ...	Ich wäre gekommen, wenn ...

Häufig erscheint *would* auch als ***past tense*** von *will* (► S. 142 f.):

She said she would / she'd send it.	Sie sagte, sie würde es schicken.
The car wouldn't start.	Das Auto wollte nicht anspringen.
She would often begin the day with a walk.	Oft begann sie den Tag mit einem Spaziergang.

Weiter verwendet man *would* zum Ausdruck einer höflichen **Bitte** oder Aufforderung:

Would you please bring me a glass of water?	Würden Sie mir bitte ein Glass Wasser bringen?

Beachten Sie auch den Gebrauch von *would / -'d* in Fällen wie den folgenden:

Would you like to come with me?	Würdest du gern mitkommen?
I'd like to book a room, please.	Ich möchte gern ein Zimmer reservieren.
I wish you wouldn't do that.	Ich wünschte, du tätest das nicht.

Shall und Übersetzungen für „sollen“

Shall als **Zukunftsform** ist eine förmlichere, „würdevollere“, „altmodischere“ Alternative zu *will* und kommt nur in der 1. Person (also nach *I* oder *we*) vor:

I think that I shall never see a poem lovely as a tree.	Ich glaube, dass ich nie ein Gedicht sehen werde, das so herrlich ist wie ein Baum.

Nicht selten bringt *shall* neben Zukünftigkeit auch **Entschlossenheit** zum Ausdruck:

We shall defend our island, whatever the cost may be.	Wir werden unser Eiland verteidigen, was immer es auch kosten mag.

In der Alltagssprache häufig ist der Gebrauch von *shall I* und *shall we*, womit nach dem Willen der angeredeten Person gefragt wird:

Shall I run you home?	Soll ich dich nach Hause fahren?
Shall we take the tube?	Wollen wir die U-Bahn nehmen?

In Frageanhängseln (► S. 149 f.) steht *shall* mit Bezug auf ein vorhergehendes *Let's* ...:

Let's take a taxi, shall we?	Lass(t) uns ein Taxi nehmen, ja?

Übersetzungen für „sollen“ (► S. 131)

The negotiations are (expected) to begin next week.	Die Verhandlungen **sollen** nächste Woche beginnen.
Oats are believed to bring down the cholesterol level.	Haferflocken **sollen** den Cholesterinspiegel senken.
He is reported / said to have left the country.	Er **soll** das Land verlassen haben.
We were told to wait.	Man sagte uns, wir **sollten** warten.
The question is how to do it.	Die Frage ist, wie man es machen **soll**.

Das modale Hilfsverb *should*

Should entspricht dem deutschen *sollte* zum Ausdruck von **Verpflichtung oder Pflicht** bzw. dessen, was eigentlich richtig wäre (*should* ist hier ersetzbar durch *ought to*, vgl. S. 146):

I suppose we should call a doctor.	Wir sollten wohl einen Arzt rufen.
You should be ashamed of yourself.	Sie sollten sich schämen.
Shouldn't she be told?	Sollte man es ihr nicht sagen?

Mit nachfolgendem Infinitiv des Perfekts (also: *should* + *have* + *-ed*-Partizip) drückt *should* aus, **was hätte geschehen sollen**, aber nicht geschah (*should* ist hier ersetzbar durch *ought to*, vgl. S. 146):

We should have called a doctor.	Wir hätten einen Arzt rufen sollen.

Mit *müsste* oder *dürfte* als deutscher Entsprechung kann *should* auch **Wahrscheinlichkeit oder Erwartung** ausdrücken (*should* ist hier ersetzbar durch *ought to*, vgl. S. 146):

They should be here soon.	Sie müssten bald hier sein.
It should cost around £2,000.	Es dürfte um die 2 000 Pfund kosten.

Beachten Sie, dass nach ***suggest*** ein *that*-Satz mit *should* oder dem Konjunktiv (ohne *-s*!) steht, nicht aber ein Infinitiv:

I suggested that she (should) take the train.	Ich schlug ihr vor, den Zug zu nehmen.

Häufig steht *should* nach *if* in **Bedingungssätzen**:

Please inform us immediately if there should be any difficulties.	Bitte informieren Sie uns umgehend, falls es irgendwelche Schwierigkeiten geben sollte.

Das modale Hilfsverb *ought (to)*

Ought to ist in allen seinen Bedeutungen durch *should* ersetzbar, nicht aber *should* durch *ought to* (► S. 145).
Wie *should* drückt *ought to* aus, was moralisch geboten, der Pflicht entsprechend, korrekt oder ratsam ist:

You ought to help her.	Du solltest ihr helfen.
You ought to have helped her.	Du hättest ihr helfen sollen.
Oughtn't we to have helped her?	Hätten wir ihr nicht helfen sollen?

Should bzw. *ought to* + Infinitiv bedeuten *sollte* in der **Gegenwart**, nicht in der Vergangenheit:

We ought to / should meet at the hotel.	Wir sollten uns („das wäre eine gute Idee") im Hotel treffen.

Benötigen Sie dagegen eine Entsprechung für *sollte* mit Bezug auf die **Vergangenheit**, so bietet sich *was / were (supposed) to* als „Universallösung" an:

We were (supposed) to meet in London.	Wir sollten uns („das war so vorgesehen") in London treffen.

Das modale Hilfsverb *used to*

Mit *used to* werden Gewohnheitshandlungen oder Zustände der Vergangenheit ausgedrückt:

My mother used to ['ju:stə] fry everything.	Meine Mutter pflegte alles zu braten / hat immer alles gebraten.
The country isn't as poor as it used to be.	Das Land ist nicht mehr so arm, wie es einmal war.

Beachten Sie die verneinte Frageform:

Didn't you use(d) to live in York?	Haben Sie früher nicht in York gewohnt?

Das „Zwitterverb" *dare*

Dare kann sowohl als **Hilfsverb** als auch als **Vollverb** konstruiert werden.
Als **Hilfsverb** hat *dare* keine *do*-Umschreibung, keine *-s-*, *-ed-* oder *-ing*-Endung, keinen Infinitiv und kein *to* vor einem nachfolgenden Infinitiv:

How dare he laugh at me?	Wie kann er es wagen, über mich zu lachen?

Als **Vollverb** hat *dare* alles, was es als Hilfsverb nicht hat: *do*-Umschreibung, *-s-*, *-ed-* und *-ing*-Endung, einen Infinitiv und ein *to* vor einem nachfolgenden Infinitiv:

His wife is the only one who dares to contradict him.	Seine Frau ist die einzige, die es wagt, ihm zu widersprechen.
She did not dare to leave him alone.	Sie wagte es nicht, ihn allein zu lassen.

Oft wird *dare* allerdings weder als reines Hilfsverb noch als reines Vollverb gebraucht, sondern als eine Mischung von beidem:

Most employees do not dare (to) complain.	Die meisten Arbeitnehmer wagen es nicht, sich zu beschweren.
She dared not move / didn't dare (to) move.	Sie wagte nicht, sich zu bewegen.

Das „Zwitterverb" *need*

Wie *dare* kann *need* sowohl als **Hilfsverb** als auch als **Vollverb** konstruiert werden:

Grammar needn't be boring. Grammar doesn't need to be boring.	} Grammatik braucht nicht langweilig zu sein.

Als **Hilfsverb** wird *need* vor allem in Äußerungen verneinenden oder fragenden Inhalts gebraucht:

She needn't worry.	Sie braucht sich keine Sorgen zu machen.
Need she worry?	Muss sie sich Sorgen machen?

Häufiger und vielseitiger verwendbar ist *need* als **Vollverb**, d. h. also mit *-s*-Form, nachfolgendem *to*-Infinitiv, *do*-Umschreibung usw.:

We will do what needs to be done.	Wir werden tun, was getan werden muss.
We don't need to book in advance, do we?	Wir brauchen doch nicht im Voraus zu buchen, oder?

Die Hilfsverben als Stellvertreter

Häufig gebraucht man Hilfsverben in Kurzsätzen, mit denen die Wiederholung eines längeren verbalen Ausdrucks vermieden wird. Enthält der längere Ausdruck ein **Hilfsverb**, so wird dieses im Kurzsatz wiederholt; enthält er nur ein **Vollverb**, so wird dieses durch eine Form des Hilfsverbs *do* vertreten.

1. Die Hilfsverben in Kurzsätzen nach *as*, *than*, *but*:

I can't work as fast as you can.	Ich kann nicht so schnell wie du arbeiten.
I work as fast as you do.	Ich arbeite so schnell wie du.

2. Die Hilfsverben in Kurzantworten:

Are you all right? – Yes, I am.	Geht's dir gut? – Ja.
Fares are going up again. – Are they?	Die Fahrpreise werden wieder erhöht. – Wirklich?
You knew about it? – I did.	Sie wussten davon? – Ja.
Have I changed? – No, you haven't.	Habe ich mich verändert? – Nein.
Does your father know about it? – No, he doesn't.	Weiß dein Vater davon? – Nein.
I'd love to go to the concert. – So would I.	Ich würde furchtbar gern in das Konzert gehen. – Ich auch.

I wouldn't like to be in his shoes. – Nor / Neither would I.	Ich möchte nicht in seiner Haut stecken. – Ich auch nicht.

3. Die Hilfsverben in Frageanhängseln:
Bei den Frageanhängseln (= *tag questions*, *question tags*) handelt es sich um ein für das Englische typisches Sprachmittel. Im Gegensatz zu den deutschen Entsprechungen (*nicht wahr? nicht? oder?* usw.) verändert sich das Frageanhängsel entsprechend dem Subjekt und Verb des vorangehenden Satzes:

The children	can	play	here,	can't	they?
The boy	can't	play	here,	can	he?
Jane		plays	chess,	doesn't	she?
You	don't	play	often,	do	you?

In den vorstehenden Beispielen können wir vier Gesetzmäßigkeiten erkennen, die für die Bildung der (hier rot gedruckten) Frageanhängsel gelten:

1. Ist das Subjekt ein **Pronomen**, so wird es im Anhängsel wiederholt: *You* ► *you*.
2. Ist das Subjekt **kein Pronomen**, so wird es im Anhängsel durch ein solches ersetzt: *The children* ► *they*, *The boy* ► *he*, *Jane* ► *she*.
3. Enthält der verbale Teil des Prädikats ein **Hilfsverb**, so wiederholt sich dieses im Anhängsel, wobei in der Regel **„positiv" zu „negativ"** (*can* ► *can't*) und **„negativ" zu „positiv"** wird (*can't* ► *can*).
4. Enthält der verbale Teil des Prädikats **kein Hilfsverb**, so wird das Vollverb im Anhängsel durch die entsprechende Form von *do* ersetzt, wobei wiederum in der Regel „positiv" zu „negativ" (*plays* ► *doesn't*) und „negativ" zu „positiv" wird (*don't play* ► *do*).

Ausnahme „positiv – positiv"
Es ist auch möglich, auf einen bejahten Satz ein bejahtes Frageanhängsel folgen zu lassen. Bei diesem selteneren Typ „positiv – positiv" handelt es sich nicht wirklich um eine Frage; man rekapituliert vielmehr, was man bereits weiß oder aus der Situation folgert:

They keep you busy, do they?	Man nimmt euch ganz schön ran, was?
Oh, you know him, do you?	Ach, Sie kennen ihn also?

4. Frageanhängsel nach Imperativen:
Ein Imperativ (► S. 115 f.) kann durch ein Frageanhängsel höflicher gemacht werden. Am häufigsten geschieht dies durch *will you?*:

Tell Brian I want to see him, will you?	Sagen Sie doch Brian bitte, dass ich ihn sprechen möchte, ja?

Won't you? ist noch ein bisschen höflicher als *will you?*:

Take a seat, won't you?	Nehmen Sie doch bitte Platz, ja?

5. *Shall we?* als Frageanhängsel nach *Let's ...*:

Let's take a taxi, shall we?	Lass(t) uns ein Taxi nehmen, ja?

Übersicht: Formen und Zeiten des Verbs (englische Terminologie)

Active	Passive
Infinitive simple: (to) ask (zu) fragen	(to) be asked gefragt (zu) werden
Infinitive progressive: (to) be asking (zu) fragen	–
Infinitive perfect: (to) have asked gefragt (zu) haben	(to) have been asked gefragt worden (zu) sein
***-ing* form:** asking fragend / (das) Fragen	being asked gefragt werdend / (das) Gefragtwerden
***-ed* participle:** asked gefragt	

Active	Passive
Imperative affirmative: ask frage	–
Imperative negative: don't ask frage nicht	–
Imperative negative progressive: don't be asking frage nicht	–

Active	Passive
Present simple: I ask ich frage	I am asked ich werde gefragt
Present progressive: I am asking ich frage (gerade)	I am being asked ich werde (gerade) gefragt
Past simple: I asked ich fragte	I was asked ich wurde gefragt

Past progressive: I was asking ich fragte (gerade)	I was being asked ich wurde (gerade) gefragt
Present perfect simple: I have asked ich habe gefragt	I have been asked ich bin gefragt worden
Present perfect progressive: I have been asking ich habe gefragt / ich frage	–
Past perfect simple: I had asked ich hatte gefragt	I had been asked ich war gefragt worden
Past perfect progressive: I had been asking ich hatte gefragt	–
Future (*will*): I will ask ich werde fragen	I will be asked ich werde gefragt werden
Future (*will* + *be* + *-ing*): I will be asking ich werde fragen	–
Future (*going to*): I am going to ask ich werde fragen	I am going to be asked ich werde gefragt werden
Future (*going to* + *be* + *-ing*): I am going to be asking ich werde fragen	–
Conditional simple: I would ask ich würde fragen	I would be asked ich würde gefragt werden
Conditional progressive: I would be asking ich würde fragen	–
Conditional perfect simple: I would have asked ich hätte gefragt	I would have been asked ich wäre gefragt worden

Normale Wortstellung

Bejahter Aussagesatz

Im Deutschen ist die Reihenfolge der Wörter im Satz wesentlich variabler als im Englischen, wie etwa die folgende Beispielreihe zeigt:

Sie sah einen Fuchs.	She saw a fox.
Einen Fuchs sah sie.	She saw a fox.
Sie sah gestern einen Fuchs.	She saw a fox yesterday.
Gestern sah sie einen Fuchs.	Yesterday she saw a fox.
Sie sah plötzlich einen Fuchs.	She suddenly saw a fox.
Sie sah gestern einen Fuchs im Garten.	She saw a fox in the garden yesterday.

Wie Sie sehen, bleibt die Wortfolge *She saw a fox* im Englischen immer erhalten, während im Deutschen verschiedene Anordnungen möglich sind.
Außerdem steht das Adverb *suddenly* **vor dem Block Verb + Objekt** und nicht – wie im Deutschen – zwischen Verb (*sah*) und Objekt (*einen Fuchs*).
Die Zeitbestimmung (*yesterday*) kann nicht – wie im Deutschen – zwischen Verb und Objekt, sondern nur (unbetont) am **Ende** oder (betont) am **Anfang** stehen.
Schließlich stehen Orts- und Zeitbestimmung unbetont zusammen hinter dem Satzkern, und zwar in der Reihenfolge **Ort vor Zeit** (*in the garden yesterday*).

Zur Stellung der Adverbien vgl. S. 70 f.

Verneinter Aussagesatz

Die Wortstellungsregeln für den bejahten Aussagesatz gelten auch für den verneinten Aussagesatz.
Die Verneinungspartikel *-n't / not* steht nach dem (ersten) Hilfsverb (*can*, *could*, *would*, *has* etc.). Ist kein Hilfsverb vorhanden, so wird mit *don't*, *doesn't*, *didn't* verneint (► S. 135 f.):

She isn't in the garden.	Sie ist nicht im Garten. / Im Garten ist sie nicht.
She probably couldn't see the fox.	Sie konnte den Fuchs wahrscheinlich nicht sehen.
You don't see a fox in your garden every day.	Man sieht nicht jeden Tag einen Fuchs in seinem Garten.
Luckily the dog didn't see the fox.	Glücklicherweise sah der Hund den Fuchs nicht.

Not ist förmlicher als *-n't* und findet auch Verwendung, wenn eine besondere Betonung der Verneinungspartikel beabsichtigt ist:

Man does not live by bread alone.	Der Mensch lebt nicht vom Brot allein.
This must not happen again.	Das darf nicht wieder passieren.

Fragesatz

In der Frageform rückt das **(erste) Hilfsverb** (*can*, *could*, *would*, *has* etc.) oder ***do / does / did* vor das Subjekt**:

Can you see the fox?	Kannst du den Fuchs sehen?
Where did you see the fox?	Wo hast du den Fuchs gesehen?
What should I have done?	Was hätte ich tun sollen?
Where will you be staying?	Wo werdet ihr wohnen?
Does he really love me?	Liebt er mich wirklich?
Has it always been a hotel?	Ist es schon immer ein Hotel gewesen?

Ist ein Fragewort Subjekt oder Teil des Subjekts, so tritt das Hilfsverb nicht vor das Subjekt und die Umschreibung mit *do* unterbleibt, d. h. die Wortstellung entspricht der in Aussagesätzen (► S. 153 f.):

Who saw the fox first?	Wer hat den Fuchs als Erste(r) gesehen?
What kind of people drive a car like this?	Was für Leute fahren so ein Auto?

Verneinter Fragesatz

In der verneinten Frageform wird die Verneinungspartikel normalerweise in verkürzter Form (-*n't*) an das Hilfsverb gehängt:

Can't you see that I'm busy?	Siehst du denn nicht, dass ich beschäftigt bin?
Haven't you been to the Tower yet?	Seid ihr denn noch nicht im Tower gewesen?
Didn't you have lunch in the canteen today?	Hast du denn heute nicht in der Kantine gegessen?

In förmlicher Sprache oder wenn eine besondere Betonung der Verneinungspartikel beabsichtigt ist, wird *not* in unverkürzter Form vom Hilfsverb getrennt und hinter das Subjekt gestellt:

Is that not true? Did you not sometimes have doubts?	Stimmt das denn nicht? Hatten Sie denn nicht manchmal Zweifel?

Abweichungen von der normalen Wortstellung

Im Folgenden erfahren Sie etwas über „normale" Abweichungen von der üblichen Wortstellung. Ungewöhnliche Wortstellungen, wie sie ältere oder literarische Texte aufweisen, bleiben unberücksichtigt.

Subjekt hinter Vollverb in Aussagesätzen

1. Das **Subjekt** rückt **hinter das Vollverb** (meist *be*, *come*, *go*) nach einleitendem *here*, *there*, *now*, *first* und *then*:

Here's / Here comes your taxi. There's / There goes my bus.	Hier ist / kommt dein Taxi. Da fährt mein Bus.

Ist das Subjekt ein Pronomen, so wird es nicht nachgestellt:

Here it comes. There it goes.	Hier kommt es / er / sie. Da fährt er.

2. Eine Nachstellung des **Subjekts hinter das Vollverb** kann auch durch andere adverbiale Bestimmungen oder Attribute bewirkt werden, die zur besonderen Betonung oder zur Anknüpfung an den vorhergehenden Satz an den Satzanfang gestellt werden:

At the bottom of the stairs stands a suitcase.	Am unteren Ende der Treppe steht ein Koffer.
Ten years later came a real breakthrough.	Zehn Jahre später kam ein echter Durchbruch.
Happy is the man who has a hobby.	Glücklich ist der Mann, der ein Hobby hat.

3. Häufig wird das **Subjekt** in Nachsätzen und Zwischensätzen der wörtlichen Rede **hinter das Vollverb** gestellt:

"I was angry as hell," said Bob.	„Ich war stinksauer", sagte Bob.
"I can't help it," said my mother, "if some people believe such rubbish."	„Ich kann es nicht ändern", sagte meine Mutter, „wenn manche Leute so einen Quatsch glauben."

Frontstellung des Objekts

Ein Objekt kann – in Abweichung von der normalen Wortstellung – betont an den Satzanfang gestellt werden. Die Wortstellung im übrigen Satz verändert sich dabei nur, wenn das an den Anfang gestellte Objekt einen verneinenden oder einschränkenden Charakter hat. Vergleichen Sie:

They discussed most of these problems.	Sie diskutierten die meisten dieser Probleme.
Most of these problems they discussed.	Die meisten dieser Probleme diskutierten sie.
They discussed none of these problems.	Sie diskutierten keines dieser Probleme.
None of these problems did they discuss.	Keines dieser Probleme diskutierten sie.

Stellung der Ergänzungen zum Verb

Man kann sagen *He gave her a letter*, aber nicht ~~*He dictated her a letter*~~; richtig ist auch *She sent me the text*, aber nicht ~~*She explained me the text*~~. Im Folgenden erfahren Sie, welche Stellungsmöglichkeiten für die Ergänzungen zu häufig gebrauchten Verben bestehen.

Verben mit zwei Objekten: Verbtyp *give*

Wichtigste Verben dieses Typs: *bring*, *e-mail*, *fax*, *give*, *grant*, *hand*, *leave*, *lend*, *mail*, *offer*, *owe*, *pass*, *pay*, *post*, *promise*, *read*, *recommend*, *refuse*, *rent*, *sell*, *send*, *ship*, *show*, *sing*, *take*, *teach*, *tell*, *throw*, *write*.

Verben vom Typ *give* können zwei Objekte haben – ein direktes (meist eine Sache) und ein indirektes (meist eine Person, die die Sache empfängt).
Für das indirekte Objekt gibt es bei dieser Verbgruppe zwei Stellungsmöglichkeiten: ohne *to* **vor** dem direkten Objekt und mit *to* **nach** dem direkten Objekt:

She gave the driver a tip.	Sie gab dem Fahrer ein Trinkgeld.
She gave a tip to the driver.	Sie gab dem Fahrer ein Trinkgeld.

Ist eines der beiden Objekte ein **Pronomen**, so bestehen folgende Stellungsmöglichkeiten:

He gave her the book.	Er gab ihr das Buch.
He gave the book to her.	Er gab das Buch ihr.
He gave it to the girl.	Er gab es dem Mädchen.

(*Aber nicht:* ~~He gave the girl it~~.)

Sind beide Objekte **Pronomen**, so wird in aller Regel die Nachstellung des indirekten Objekts mit *to* gewählt:

He gave it to her.	Er gab es ihr.

Verben mit zwei Objekten: Verbtyp *explain*

Wichtigste Verben dieses Typs: *admit, announce, confess, confide, declare, deliver, describe, devote, dictate, explain, introduce, mention, outline, point out, propose, prove, repeat, report, return, say, speak, suggest.*

Bei diesen Verben wird das indirekte Objekt im Gegensatz zum Verbtyp *give* stets mit *to* angeschlossen.
Die normale Wortstellung ist
Verb + direktes Objekt + *to* + indirektes Objekt:

She explained the problem to us.	Sie erklärte uns das Problem.
He described the method to them.	Er beschrieb ihnen die Methode.

Verben mit zwei Objekten: Verbtyp *buy*

Wichtigste Verben dieses Typs: *bake, book, bring, build, buy, call, choose, cook, fetch, find, fix, fry, get, knit, leave, light, make, mix, order, pack, paint, play, reserve, save, type, win.*

Wie bei *give* (s. o.) bestehen hier für das indirekte Objekt zwei Stellungsmöglichkeiten. Allerdings wird das indirekte Objekt bei den Verben dieser Gruppe nicht mit *to*, sondern mit *for* nachgestellt:

She bought the child an ice cream.	Sie kaufte dem Kind ein Eis.
She bought an ice cream for the child.	Sie kaufte ein Eis für das Kind.

Verben mit zwei Objekten: Verbtyp *envy*

Wichtigste Verben dieses Typs: *ask, begrudge, bet, cause, charge, cost, envy, fine, grudge, take.*

Bei diesen Verben ist in den dargestellten Bedeutungen eine Nachstellung des indirekten Objekts mit *to* oder *for* nicht möglich:

They asked him his name.	Sie fragten ihn nach seinem Namen.
I don't (be)grudge him his success.	Ich gönne ihm seinen Erfolg.
I envy you this house.	Ich beneide euch um dieses Haus.
The magistrate fined him £500.	Der Richter verurteilte ihn zu einer Geldbuße von 500 Pfund.
It took me three hours.	Es kostete mich / Ich brauchte drei Stunden.

Stellung des Objekts bei *phrasal verbs*

Mit *phrasal verbs* meinen wir hier Zusammensetzungen aus Verb (z. B. *take*) und adverbialer Partikel (z. B. *off*), die zusammen eine Einheit bilden: *take off* (= ausziehen).
Soweit diese *phrasal verbs* transitiv gebraucht werden, also ein Objekt bei sich haben, bestehen für das Objekt grundsätzlich zwei Stellungsmöglichkeiten:

1. Das Objekt steht zwischen Verb und Partikel:

Why don't you take your coat off?	Warum ziehen Sie den Mantel nicht aus?

2. Das Objekt steht nach Verb + Partikel:

Why don't you take off your coat?	Warum ziehen Sie nicht den Mantel aus?

Ist das Objekt ein Pronomen, so ist nur Stellung 1 möglich – das Objekt steht zwischen Verb und Partikel:

Why don't you take it off?	Warum ziehen Sie ihn nicht aus?

Ist das Objekt lang und / oder betont, so stellt man es in der Regel hinter die Verb-Partikel-Verbindung:

He turned off all the lights in the house.	Er machte alle Lampen im Haus aus.

Ist das Objekt ein Nebensatz, so kann es nur hinter der Verb-Partikel-Verbindung stehen:

Why don't you look up what the word means?	Warum schaust du nicht nach, was das Wort bedeutet?

Verben mit (pro)nominalem Objektkomplement

Wichtigste Verben dieses Typs: *appoint*, *call*, *consider*, *declare*, *elect*, *make*, *name*, *proclaim*, *vote*.

Das Objektkomplement ist eine Ergänzung zum Objekt; es sagt uns gewissermaßen, was das Verb aus dem Objekt „macht".
Bei Verben des hier dargestellten Typs kann das Objektkomplement direkt (also ohne ein dem deutschen *zu* oder *als* entsprechendes Fügewort) an das Objekt angeschlossen werden.
In den folgenden Beispielen ist das Objektkomplement jeweils ein Nomen, eine Nominalgruppe oder ein Name:

They appointed him manager.	Sie ernannten ihn zum Geschäftsführer.
I consider him a genius.	Ich halte ihn für ein Genie.
They declared Clay the winner.	Sie erklärten Clay zum Sieger.
They elected him president.	Sie wählten ihn zum Präsidenten.
The king made her his wife.	Der König machte sie zu seiner Frau.
The new rulers proclaimed the country a republic.	Die neuen Machthaber erklärten das Land zur Republik.
They voted her Woman of the Year.	Sie wählten sie zur Frau des Jahres.

Beachten Sie auch die entsprechende Passivkonstruktion:

He was appointed manager.	Er wurde zum Geschäftsführer ernannt.
He is considered a genius.	Man hält ihn für ein Genie.
Clay was declared the winner.	Clay wurde zum Sieger erklärt.
He was elected president.	Er wurde zum Präsidenten gewählt.
She was voted Woman of the Year.	Sie wurde zur Frau des Jahres gewählt.

Die wichtigsten unregelmäßigen Verben

Angegebene Formen: Infinitiv, *past tense*, *-ed*-Partizip.
* = auch die regelmäßige Form (auf *-ed*) ist gebräuchlich.

beat, beat, beaten
become, became, become
begin, began, begun
bet, bet*, bet*
bid, bid, bid
bind, bound, bound
bite, bit, bitten
bleed, bled, bled
blow, blew, blown
break, broke, broken
bring, brought, brought
build, built, built
burn, burnt*, burnt*
burst, burst, burst
buy, bought, bought
catch, caught, caught
choose, chose, chosen
come, came, come
cost, cost, cost
creep, crept, crept
cut, cut, cut
deal, dealt [e], dealt [e]
dig, dug, dug
do, did, done [ʌ]
draw, drew, drawn
dream, dreamt* [e], dreamt* [e]
drink, drank, drunk
drive, drove, driven [ɪ]
eat, ate, eaten
fall, fell, fallen
feed, fed, fed
feel, felt, felt
fight, fought, fought
find, found, found
flee, fled, fled
fly, flew, flown
forbid, forbade, forbidden
forget, forgot, forgotten
forgive, forgave, forgiven
freeze, froze, frozen
get, got, got (*AE auch* gotten)
give, gave, given
go, went, gone [ɒ]
grow, grew, grown
hang, hung*, hung*
hear, heard [ɜː], heard [ɜː]
hide, hid, hidden / hid
hit, hit, hit
hold, held, held
hurt, hurt, hurt
keep, kept, kept
know, knew, known
lay, laid, laid
lead, led, led
lean, leant* [e], leant* [e]
learn, learnt*, learnt*
leave, left, left
lend, lent, lent
let, let, let
lie, lay, lain
light, lit*, lit*
lose, lost, lost
make, made, made
mean, meant [e], meant [e]
meet, met, met
pay, paid, paid
put, put, put
read, read [e] read [e]
ride, rode, ridden
ring, rang, rung
rise, rose, risen [ɪ]
run, ran, run
say, said [e] said [e]
see, saw, seen
seek, sought, sought
sell, sold, sold
send, sent, sent
set, set, set
shake, shook, shaken
shoot, shot, shot
show, showed, shown
shrink, shrank, shrunk
shut, shut, shut
sing, sang, sung
sink, sank, sunk
sit, sat, sat
sleep, slept, slept
smell, smelt*, smelt*
speak, spoke, spoken
spell, spelt*, spelt*
spend, spent, spent
split, split, split
spread, spread, spread
stand, stood, stood
steal, stole, stolen
strike, struck, struck
swear, swore, sworn
sweep, swept, swept
swim, swam, swum
take, took, taken
teach, taught, taught
tell, told, told
think, thought, thought
throw, threw, thrown
understand, understood, understood
wake, woke*, woken*
wear, wore, worn
weep, wept, wept
win, won [ʌ], won
write, wrote, written

1. Nomen und Artikel: Wählen Sie die richtige Form.

a. The United States (has / have) a population of around 290 million.
b. The police (was / were) unable to control the crowd.
c. Fifty thousand pounds (is / are) a lot of money to pay for a car.
d. (Hundreds of thousands / Hundred thousands) of people crowded the streets.
e. About two (dozen / dozens) people were arrested.
f. It's a (ten-minute / ten-minutes) walk to the beach.
g. She spent (a / an) hour in (a / an) internet café.
h. She has (a / an) MA from (a / an) university in Britain.

2. Nomen und Artikel: Mit *the* bzw. *a(n)* oder ohne Artikel?

a. I have found that .... people don't always say what they mean.
b. .... English people are known for their sense of humour.
c. .... people I asked hadn't seen or heard anything.
d. Many people believe that .... death is not the end.
e. The Queen lives in .... Buckingham Palace.
f. Religion is important to .... most Americans.
g. What .... luck that we're not in .... hurry.
h. "What .... rubbish!" he said in .... loud voice.

3. Setzen Sie das Pronomen ein: *she*, *her*, *herself*, *it*, *itself*, *they*, *them*, *themselves*.

a. They followed the woman and arrested ....
b. .... is a wonderful girl and I love ....
c. She went up to the door and opened ....
d. He picked up the coins and put .... in his pocket.
e. She can always get help if she can't do it ....
f. They introduced .... as members of a local church.
g. The United States regards .... as a bringer of democracy.
h. My parents were wrong, and .... admitted ....
i. His mother put .... arm around him.

4. **Bilden Sie Fragesätze, indem Sie den unterstrichenen Satzteil jeweils durch ein Fragewort ersetzen.**

> *Beispiele:*
> Anne wants tea. – Who wants tea?
> Anne wants tea. – What does Anne want?

a. His wife visited him in prison.
b. He invited all his colleagues.
c. They usually meet at Joe's Bar.
d. She spoke to the President.
e. That's Adam's bag.
f. They're going in Lucy's car.
g. They're talking about the weather.
h. His love for her made him a better person.

5. **Setzen Sie – wo notwendig – das Relativpronomen ein.**

a. We need someone .... speaks French.
b. People want a god in .... they can trust and .... will protect them.
c. He employs about 2,000 workers, most of .... are immigrants.
d. He looked like a dog .... master had died.
e. I would find it hard to live without the comforts to .... I am accustomed.
f. There are over 200 schools, some of .... are extremely small.
g. Here's a list of books .... are really important.
h. It's one of the best novels .... I have ever read.
i. Children need someone .... they can rely on.
j. Children need someone on .... they can rely.

6. **Setzen Sie ein: *any*, *anyone*, *anything*, *anywhere*, *some*, *someone*, *something*, *somewhere*.**

a. .... of the things you said I didn't quite understand.
b. You said .... I didn't quite understand.
c. We don't want .... trouble.
d. I've never met .... who was completely unselfish.
e. Is there .... new under the sun?
f. She's .... who doesn't take herself too seriously.
g. I couldn't see her ....
h. They spent their holiday .... up in the mountains.

7. Bilden Sie passende Steigerungskonstruktionen.

- **a.** Platinum is (expensive) gold.
- **b.** My wife is (young) than me.
- **c.** Rotterdam's harbour is one of the (large) and (modern) in the world.
- **d.** We arrived (dead) alive.
- **e.** The (bad) dictionary is (good) none.
- **f.** The (long) we wait, the (bad) it will be.
- **g.** Nothing could be (far) from the truth.
- **h.** Emma is one of the (interesting) women I've ever met.

8. Adverb (mit *-ly*) oder Adjektiv (ohne *-ly*)?

- **a.** A guest was (loud) complaining of the (bad) food.
- **b.** The food was (bad) cooked and served on (dirty) plates.
- **c.** (Efficient) public transport gets you from one place to another (cheap) and (quick).
- **d.** The conference was an (efficient) organized and (intellectual) stimulating event.
- **e.** It's (practical) (impossible) to get all the answers (right).
- **f.** The questions were (impossible) to answer.
- **g.** The questions were (incredible) (difficult) to answer.
- **h.** The questions were (easy) and she answered them (correct).
- **i.** "What's (funny)?" she asked, looking at him (serious).
- **j.** Why are you always looking so (serious)?

9. Setzen Sie das Adverb an unbetonter Stelle ein.

- **a.** He loves her. (really)
- **b.** She reads the paper over breakfast. (usually)
- **c.** He visits his ailing mother in hospital. (regularly)
- **d.** I eat porridge for breakfast. (always)
- **e.** We have breakfast in bed. (never)
- **f.** Most of the children go out to play. (hardly ever)
- **g.** We don't watch television during the holidays. (often)
- **h.** They invited him again. (seldom)

10. ***Present simple* mit oder ohne *-s*?**

Our day (start) at six o'clock. I (get) up, (shower), (do) my hair and (get) dressed. My husband (get) our 18-month-old son up and dressed and (feed) him breakfast. We both (have) breakfast and then (leave) for work. Colin (drop) our son off at day care. We both (work) nine to five, but sometimes Colin (not get) away from the office until much later. We (use) our lunch hour to run errands. In the evening one of us (play) with the boy while the other (prepare) dinner. We (not watch) much TV. We (have) a housekeeper who (clean) the house every Friday and (do) some washing and ironing.

11. ***Present* oder *past*, *simple* oder *progressive*?**
Setzen Sie die passende Verbform ein.

- **a.** He's just turned 13 and (begin) to get more interested in girls.
- **b.** We (try) to sell our house, so I have to keep it clean all the time.
- **c.** The book I (read) at the moment is extremely funny.
- **d.** Everywhere you (go) these days, people (talk) on their mobile phones.
- **e.** It was a beautiful morning, the sun (shine), birds (sing), and a soft breeze (blow) from the sea.
- **f.** The last time I (call) they (get) ready for their trip to Spain.
- **g.** I (see) the picture in a magazine while I (wait) in my doctor's office yesterday.
- **h.** I (look) at a book in a bookshop yesterday when a man (come) up to me and (say), "It's very good. I'm the author."

12. **Erzählzeit Gegenwart: Setzen Sie die passenden Verbformen ein.**

The old man (like) to sit at the window and (watch) the traffic down below. At the moment they (build) the new bridge and the machines (make) a lot of noise. Sometimes it (get) so loud he (have) to shut the window. He then (lean) back in his chair and (close) his eyes. That is the moment the cat (wait) for. She (jump) up on his lap, he (stroke) her for a while, and when I (come) in with the tea they (both sleep) peacefully.

13. **Zeit? Setzen Sie die passende Verbform ein.**

a. They (arrive) two or three days ago.
b. I (see) her on my way to the bus stop this morning.
c. I (wish) you were here.
d. When (you last see) your father?
e. It's high time you (tell) me the truth.
f. "Is she happy?" – "Well, she said she (be) happy."
g. He (just phone) to say he can't make the appointment.
h. I (never have) a birthday quite like this one before.

14. **Zeit? Setzen Sie die passenden Verbformen ein.**

The Aborigines (migrate) to Australia from southern Asia about 40,000 years ago. Europeans first (visit) the area in the 17th century but (not take) much interest until Captain James Cook (sail) into Botany Bay in 1770. The first settlement, a penal colony for British convicts, (be) established in 1788 where Sydney (now stand). By the middle of the 19th century free colonization (replace) the old penal settlements. Gold rushes in 1851 and 1892 (attract) new settlers. In 1901 the colonies (become) the Commonwealth of Australia. Australia (fight) on the side of Britain in both world wars. Until 1974 the "White Australia Policy" (restrict) immigration from non-European countries; since then, immigrants (come) to Australia from all over the world. Australia's population (be) over 20 million now; it (grow) by about 200,000 each year.

15. **Vervollständigen Sie die Sätze: *present perfect* oder *past*, *since* oder *for*?**

a. The lift (be) out of order .... over a month now.
b. The station (be) out of service .... the late 1940s.
c. I'm worried about her. I (not see) her .... days and she (not answer) the phone.
d. I (learn) English .... three years now.
e. Your e-mail (just come) through.
f. Your e-mail (come) through a few minutes ago.
g. It's extremely hot and it (not rain) .... quite a while.
h. (you ever be) to Australia? – If so, where (you go)?
i. We (spend) our last holiday in Australia.
j. It (be) scorching hot until yesterday but now it (cool down) noticeably.

16. Setzen Sie eine passende Zukunftsform ein.

a. I (never forget) that.
b. I'm sure it (be) a good year for our industry.
c. I'm afraid we (not be) able to offer you a position on our staff.
d. He has not given up smoking yet but says he (make) a big effort to quit before his next birthday.
e. You (never get) rich by just working hard.
f. Max Taylor (leave) the company at the end of the year.
g. We can't know what (happen) to any of us in the future.
h. Why (there not be) a parade this year?
i. From now on I (do) what I want.

17. Vervollständigen Sie die Bedingungssätze.

a. Who will take care of them if they (become) ill?
b. If there's an earthquake, this building (probably collapse) like a pack of cards.
c. If you (know) me better, you would not say such things.
d. If his wife was here, he (not talk) so much.
e. If I hadn't been so sleepy, I (watch) the film to the end.
f. If it (not be) freezing cold and raining, the trip would have been a real pleasure.
g. What (you do) if you found a thousand euros in the street?
h. If the driver (not wear) his seat belt, he would probably have died in the accident.

18. Verwandeln Sie die direkte in indirekte Rede.

a. "I'm from London and my husband is from Leeds." (She said ...)
b. "I've lost my wallet." (He said ...)
c. "I'll give it to you when I see you next." (You told me ...)
d. "There's nothing we can do about it." (They said ...)
e. "Do you still love me?" (She asked me ...)
f. "What do you think about it?" (He wanted to know ...)
g. "Why didn't you invite me?" (She asked me ...)
h. "Tell me all about it." (Her father asked her ...)
i. "Don't exert yourself too much." (My doctor advised me ...)

19. Verwandeln Sie Aktiv in Passiv.

- **a.** They no longer need this building.
- **b.** They have cancelled the flight.
- **c.** The president wrote it himself.
- **d.** Everybody had expected him to win.
- **e.** Why didn't they invite us?
- **f.** They didn't tell us the truth.
- **g.** The World Bank is financing the project.
- **h.** The government must do something
- **i.** About a billion people will watch the World Cup final.
- **j.** We could have saved thousands of lives.

20. *To*-infinitiv, *-ing*-Form oder Präposition + *-ing*-Form?

- **a.** I never got a chance (say) goodbye.
- **b.** She demanded (see) the manager.
- **c.** She insisted (see) the manager.
- **d.** We're looking forward (see) you next month.
- **e.** He admitted (steal) a mobile phone from a classmate.
- **f.** We must avoid (make) promises we can't keep.
- **g.** The architect suggested (install) one larger window instead of the two small windows.
- **h.** If a thing is worth (do), it is worth (do) well.
- **i.** She's thinking (emigrate).
- **j.** Several athletes have confessed (take) drugs.

21. Setzen Sie in die Frageform, ggf. mit dem eingeklammerten Fragewort.

- **a.** They speak English.
- **b.** She knows where he lives.
- **c.** He wrote it himself.
- **d.** He works for the same company.
- **e.** She lives in a suburb of Birmingham. (Where ...?)
- **f.** He found it in a scrapyard. (Where ...?)
- **g.** They arrived at 6 p.m. (When ...?)
- **h.** She left because the pay wasn't good. (Why ...?)

22. **Setzen Sie in die verneinte Form.**

- **a.** She likes him.
- **b.** They pay good wages.
- **c.** They're alone.
- **d.** I went by car.
- **e.** He'll leave immediately.
- **f.** That sounds good.
- **g.** There seems to be a demand for yoga teachers.
- **h.** She read the whole book.

23. **Setzen Sie die eingeklammerten Objekte ein.**

- **a.** She explained the problem. (us)
- **b.** He dictated the letter. (his secretary)
- **c.** I described the scene. (them)
- **d.** She introduced her boyfriend. (her parents)
- **e.** I envy you. (your freedom)
- **f.** The police fined me for speeding. (80 dollars)
- **g.** She bought a book called How to Survive in School Without Doing Homework. (me)
- **h.** He never mentioned the plan. (me)

Schlüssel zu den Tests

1. **a.** has. **b.** were. **c.** is. **d.** Hundreds of thousands. e. dozen. f. ten-minute. **g.** an; an. **h.** an; a.
2. **a.** –. **b.** –. **c.** The. **d.** –. **e.** –. **f.** –. **g.** –; a. **h.** –; a.
3. **a.** her. **b.** She; her. **c.** it. **d.** them. **e.** herself. **f.** themselves (/them). **g.** itself. **h.** they; it. **i.** her.
4. **a.** Who visited him in prison? **b.** Who(m) did he invite? **c.** Where do they usually meet? **d.** Who did she speak to? / To whom did she speak? **e.** Whose bag is that? **f.** Whose car are they going in? **g.** What are they talking about? **h.** What made him a better person?
5. **a.** who. **b.** whom; who. **c.** whom. **d.** whose. **e.** which. **f.** which. **g.** that / which. **h.** –. **i.** –. **j.** whom.
6. **a.** Some. **b.** something. **c.** any. **d.** anyone / someone. **e.** anything. **f.** someone. **g.** anywhere. **h.** somewhere.
7. **a.** more expensive than. **b.** younger. **c.** largest; most modern. **d.** more dead than. **e.** worst; better than. **f.** longer; worse. **g.** further / farther. **h.** most interesting.

8. **a.** loudly; bad. **b.** badly; dirty. **c.** Efficient; cheaply; quickly. **d.** efficiently; intellectually. **e.** practically; impossible; right. **f.** impossible. **g.** incredibly; difficult. **h.** easy; correctly. **i.** funny; seriously. **j.** serious.

9. **a.** He really loves her. **b.** She usually reads the paper over breakfast. **c.** He regularly visits his ailing mother in hospital. **d.** I always eat porridge for breakfast. **e.** We never have breakfast in bed. **f.** Most of the children hardly ever go out to play. **g.** We don't often watch television during the holidays. **h.** They seldom invited him again.

10. Our day starts at six o'clock. I get up, shower, do my hair and get dressed. My husband gets our 18-month-old son up and dressed and feeds him breakfast. We both have breakfast and then leave for work. Colin drops our son off at day care. We both work nine to five, but sometimes Colin doesn't / does not get away from the office until much later. We use our lunch hour to run errands. In the evening one of us plays with the boy while the other prepares dinner. We don't / do not watch much TV. We have a housekeeper who cleans the house every Friday and does some washing and ironing.

11. **a.** is beginning. **b.** are trying. **c.** am reading. **d.** go; are talking. **e.** was shining; were singing; was blowing. **f.** called; were getting. **g.** saw; was waiting. **h.** was looking; came; said.

12. The old man likes to sit at the window and watch the traffic down below. At the moment they are building the new bridge and the machines are making a lot of noise. Sometimes it gets so loud he has to shut the window. He then leans back in his chair and closes his eyes. That is the moment the cat has been waiting / is waiting / waits for. She jumps up on his lap, he strokes her for a while, and when I come in with the tea they are both sleeping peacefully.

13. **a.** arrived. **b.** saw. **c.** wish. **d.** did you last see. **e.** told. **f.** was. **g.** (has) just phoned. **h.** (have) never had.

14. The Aborigines migrated to Australia from southern Asia about 40,000 years ago. Europeans first visited the area in the 17th century but did not take much interest until Captain James Cook sailed into Botany Bay in 1770. The first settlement, a penal colony for British convicts, was established in 1788 where Sydney now stands. By the middle of the 19th century free colonization had replaced the old penal settlements. Gold rushes in 1851 and 1892 attracted new settlers. In 1901 the colonies became the Commonwealth of Australia. Australia fought on the side of Britain in both world wars. Until 1974 the "White Australia Policy" restricted immigration from non-European countries; since then, immigrants have been coming / have come to Australia from all over the world. Australia's population is over 20 million now; it is growing / has been growing / grows by about 200,000 each year.

15. **a.** has been; for. **b.** has been; since. **c.** have not / haven't seen; for; has not / hasn't answered / been answering / didn't answer / isn't answering. **d.** have been learning; for. **e.** has just come / just came. **f.** came. **g.** has not / hasn't rained; for. **h.** Have you ever been; did you go. **i.** spent. **j.** was; has cooled down.

16. **a.** I'll / I will never forget. **b.** it will be / it'll be / it's going to be. **c.** we'll not be / we will not be / we won't be / we aren't going to be. **d.** he'll make / he will make / he's going to make. **e.** You'll never get / You will never get / You're never going to get. **f.** leaves / is leaving / will leave / is going to leave / will be leaving. **g.** will happen / is going to happen. **h.** isn't there going to be / won't there be. **i.** I'll do / I'm going to do / I'll be doing / I'm going to be doing.

17. **a.** become. **b.** will probably collapse. **c.** knew. **d.** wouldn't talk / wouldn't be talking. **e.** would have watched. **f.** hadn't / had not been. **g.** would you do. **h.** had not worn / had not been wearing.

18. **a.** She said she was from London and her husband was from Leeds. **b.** He said he'd lost / he had lost / he lost his wallet. **c.** You told me you'd / you would give it to me when you saw me next. **d.** They said there was nothing they could do about it. **e.** She asked me if / whether I still loved her. **f.** He wanted to know what I thought about it. **g.** She asked me why I / we had not / hadn't invited her. **h.** Her father asked her to tell him all about it. **i.** My doctor advised me not to exert myself too much.

19. **a.** This building is no longer needed. **b.** The flight has been cancelled. **c.** It was written by the president himself. **d.** He had been expected to win. **e.** Why weren't we invited? **f.** We weren't told the truth. **g.** The project is being financed by the World Bank. **h.** Something must be done (by the government). **i.** The World Cup final will be watched by about a billion people. **j.** Thousands of lives could have been saved (by us).

20. **a.** to say / of saying. **b.** to see. **c.** on seeing. **d.** to seeing. **e.** (to) stealing. **f.** making. **g.** installing. **h.** doing; doing. **i.** of / about emigrating. **j.** to taking.

21. **a.** Do they speak English? **b.** Does she know where he lives? **c.** Did he write it himself? **d.** Does he work for the same company? **e.** Where does she live? **f.** Where did he find it? **g.** When did they arrive? **h.** Why did she leave?

22. **a.** She doesn't like him. **b.** They don't pay good wages. **c.** They're / They are not / They aren't alone. **d.** I didn't go by car. **e.** He won't / will not leave immediately. **f.** That doesn't sound good. **g.** There doesn't seem to be a demand for yoga teachers. **h.** She didn't read the whole book.

23. **a.** She explained the problem to us. **b.** He dictated the letter to his secretary. **c.** I described the scene to them. **d.** She introduced her boyfriend to her parents. **e.** I envy you your freedom. **f.** The police fined me 80 dollars for speeding. **g.** She bought me a book called How to Survive in School Without Doing Homework. **h.** He never mentioned the plan to me.

Register

Die Zahlen sind Seitenangaben.

T

U

V

W

Y

Z